THINK LIKE RECRUITERS

Par

Moussa KEBE

THINK LIKE RECRUITERS

À la mémoire de mes grands-mères et mentors, j'ai cité :

Anta Nar Diop ma grand-mère maternelle, Pierrette Ruttard ma grand-mère blanche dit Pierrot

Remerciements

« Al Hamdoulillah » est une expression très utilisée par les musulmans partout dans le monde même par ceux qui ne sont pas arabophones. C'est une formule de gratitude adressée à Dieu pour tous ses bienfaits. Cette expression signifie « Louange à Dieu ». On peut également la traduire par « la louange appartient à Allah », ou « les louanges Lui appartiennent ».

Allah dit : *« Si vous énumérez les bienfaits d'Allah, vous ne pourriez pas les compter, certes Allah est Celui Qui accorde beaucoup de pardon, Celui Qui est très miséricordieux envers les croyants. »* Sourate An-NaHl V.18.

Je remercie mes parents pour tous leurs efforts et prières. En sachant que je ne vais jamais pouvoir leur rendre le plus minime de leurs efforts à mon égard. Que Allah les préserve.

Allah dit : *"Nous avons commandé à l'homme (la bienfaisance envers) ses père et mère ; sa mère l'a porté (subissant pour lui) peine sur peine : son sevrage a lieu à deux ans. Sois reconnaissant envers Moi ainsi qu'envers tes parents. Vers Moi est la destination."* Sourate Luqmân V.14.

Je remercie ma femme de me supporter tous les jours.

Je remercie tous ceux de près ou de loin qui ont contribué à la réalisation de ce livre.

Merci et bonne lecture.

بسم الله الرحمن الرحيم

Bismillahi Rahmani Rahim

Au nom d'Allah, le Tout Miséricordieux, le Très Miséricordieux.

« Et rappelle ; car le rappel profite aux croyants. »

Sourate 51 - Qui éparpillent, V.51-55

"Seigneur, ouvre-moi ma poitrine, et facilite ma mission, et dénoue un nœud en ma langue, afin qu'ils comprennent mes paroles."

Sourate 20 Ta-Ha, versets 25/28.

Sommaire

Sommaire

Sommaire

Sommaire

Introduction

L'emploi devient de plus en plus rare et les attentes des recruteurs sont de plus en plus élevées et parfois floues. Dans cette jungle, j'ai souhaité faire un rappel, à ma propre personne d'abord, puis à mes coreligionnaires, sur les principes forts qui nous animent en tant que croyant tout en prenant le temps de développer en détails la technicité de la recherche d'emploi moderne. Mon but étant de mettre à profit mon expérience personnelle et mon analyse de professionnel. Cela va sans dire que de nos jours, détenir des potentiels évolutifs demeure un réel challenge, et il est clair que devenir un candidat idéal n'est en l'occurrence pas une profession. C'est pourquoi nous devons mettre toutes les chances de notre côté en mettant à profits nos savoirs et en partageant nos connaissances.

Cela étant dit, il n'en reste pas moins que pour tout croyant, ces chances ne résident pas uniquement dans la maitrise de la technicité, mais aussi dans la relation que l'on entretient avec Allah. Cette relation s'inscrit dans le fait de Lui demander, puis de faire les causes afin d'accéder à notre souhait. Il faut impérativement être dans l'action afin d'obtenir les faveurs d'Allah. Car oui, pour un croyant, l'emploi n'est ni plus ni moins qu'un des bienfaits d'Allah.

« Et si vous comptez les bienfaits d'Allah, vous ne saurez pas les dénombrer. Car Allah est Pardonneur, et Miséricordieux. »

Sourate 16 - Les abeilles, V. 16-18

Tout au long de ce livre, mon objectif sera d'exposer l'ensemble de mes recherches sur les différentes techniques et outils modernes existants, qui permettent aujourd'hui de décrocher un emploi. De plus, afin d'argumenter mes propos et gagner en profondeur, je les mettrai en lien avec des sources du noble Coran et de la Sunna de notre bien aimé prophète Muhammad (ﷺ).

Il est vrai que les techniques de recherche d'emploi ne sont pas une science exacte car elles dépendent de la perception et de l'attente de chaque interviewer.

En revanche, pour le croyant musulman, la parole d'Allah et la sunna du prophète Muhammad (ﷺ) sont une vérité absolue.

« Ô les croyants ! Obéissez à Allah, et obéissez au Messager. » Sourate 4 - Les femmes, V. 59

« Et obéissez au messager, afin que vous ayez la miséricorde. » Sourate 24 - La lumière, V. 56

« Et si vous lui obéissez, vous serez bien guidés. » Sourate 24 - La lumière, V. 54

J'espère avec sincérité que ce livre vous aidera à vous sentir plus serein dans votre recherche d'emploi et raffermira votre foi.

« Et rappelle ; car le rappel profite aux croyants. Je n'ai créé les djinns et les hommes que pour qu'ils M'adorent. Je ne cherche pas d'eux une subsistance ; et Je ne veux pas qu'ils me nourrissent. En vérité, c'est Allah qui est le Grand Pourvoyeur, Le Détenteur de la force, l'Inébranlable. »
Sourate 51 - Qui éparpillent, V. 55-58

THINK LIKE RECRUITERS

L'adoration d'Allah ne se limite pas aux actes de dévotions tels que la prière, le jeune, l'aumône et le pèlerinage ; mais elle réside aussi dans le fait de gagner sa vie honnêtement et dignement.

Dis : « En vérité, ma Salât, mes actes de dévotion, ma vie et ma mort appartiennent à Allah, Seigneur de l'Univers.
Sourate 6 Al An-aam, V. 162

Dans cette quête, il faut choisir, se préparer et endurer pour atteindre nos objectifs et la réussite d'ici-bas et l'au-delà.

Seigneur, donne-nous une belle part dans ce monde et une belle part dans l'Autre, et préserve-nous du châtiment du feu !
Sourate 2 Baqara V.201

En parallèle de cela, gardez en tête qu'avoir des mentors, des « roles models » ou mourchid est une chose importante. Ces personnes, du fait de leurs expériences de vie, peuvent vous permettre d'anticiper beaucoup d'erreurs et de rester concentré sur vos objectifs.

« Tout parcours est formateur à qui sait apprendre. »

Ce livre est destiné à tous les demandeurs d'emploi ou en reconversion professionnel, croyants ou non, femmes ou hommes, jeunes et moins jeunes.

CHAPITRE I

L 'Auto-Évaluation, l'Estime de Soi

Blaise Pascal (Mathématicien, Philosophe, Physicien, Scientifique, Théologien (1623-1662) : *« Il faut se connaître soi-même. Quand cela ne servirait pas à trouver le vrai, cela au moins sert à régler sa vie, et il n'y a rien de plus juste. »*

L'AUTO-ÉVALUATION

ÉVALUATION

THINK LIKE RECRUITERS

1.1. Apprendre à se connaitre

Qui êtes-vous ? Quels sont vos points forts et vos points faibles ? Quelle est votre personnalité ? Pour répondre à ces questions, il convient d'effectuer un travail sur soi et une des premières étapes est de s'évaluer. Effectuer un test de personnalité est une étape primordiale pour apprendre à se connaître.

1.1.1. Évaluation

Les tests de personnalité jouissent d'une grande validité perçue (50 % des cadres en France se sont soumis à un test de personnalité lors de leur dernier recrutement).

Les tests de personnalité servent à évaluer les principaux traits de caractère et le sens relationnel d'un individu. Les psychologues et les recruteurs les utilisent.

Les tests de personnalité utilisés par les recruteurs sont en général :

- Le MBTI
- Les tests de QI
- Les tests de QE

Le neuropsychologue et gagnant du Prix Nobel **Roger W. Sperry** a découvert que les deux hémisphères du cerveau (gauche et droit) fonctionnent de façon différente, et la manière dont on pense dépend de l'hémisphère dominant. En se basant sur ces recherches, il existe de nombreux tests qui peuvent déterminer la manière de penser et les caractéristiques de la personnalité d'un individu.

ÉVALUATION

Je vous propose de faire un test en lisant ce livre pour avoir un aperçu de vos traits de personnalité. Ceci n'est pas une science exacte. Il convient de se rapprocher de professionnels dans ce milieu pour approfondir vos résultats.

Qu'est-ce que vous voyez sur l'image de la page suivante ?

HEMISPHERE DROIT OU GAUCHE ?

La première image que vous verrez, indiquera l'hémisphère de votre cerveau le plus sollicité.

Indiquer ici votre réponse :

....

L'interprétation de l'image se trouve dans les pages suivantes

L'AUTO-ÉVALUATION

ÉVALUATION

THINK LIKE RECRUITERS

a) **La tête d'un tigre**

L'hémisphère gauche de ton cerveau est plus actif que le droit. Tu es une personne avec un esprit analytique, très orientée vers la réussite de tes objectifs et organisée. Quand tu fais face à un problème, tu as tendance à être logique, calculateur et objectif. Cependant, il arrive que tu réfléchisses parfois trop aux décisions que tu prends, en vérifiant qu'elles soient correctes, ce qui fait que tu as tendance à être inflexible. Rappelle-toi qu'un peu d'humilité t'aidera à aller loin.

Tes traits de personnalité sont les suivants :

- **Organisé** : Tu fais tout de manière planifiée, comme si tu avais une liste de choses à faire.
- **Précis** : Tu as des objectifs fixes et tu connais le chemin à suivre pour les atteindre.

- **Lucide** : Les émotions et les sentiments ne t'empêchent pas d'atteindre tes objectifs.

- **Logique** : Tu as de bonnes capacités pour les mathématiques, les sciences et l'organisation des idées.

- **Réaliste** : Ton monde est très terre à terre. Il n'y a pas de place pour les contes de fées et la fiction. Et quoi qu'il en soit, bien que tes objectifs puissent sembler élevés pour les autres, tu sais qu'ils sont réels et réalisables.

b) Un singe suspendu

L'hémisphère droit de ton cerveau est très actif. Tu es une personne créative qui a plein d'idées innovantes. Quand tu fais face à une situation difficile, tu fais plutôt confiance en ton intuition (tu as presque toujours raison) au lieu de te reposer sur la pensée critique.

THINK LIKE RECRUITERS

Tu sais parfaitement que chaque pas que tu fais dans ta vie est une leçon pour toi et que même si tu perds, cela signifie que tu avances vers la réussite de tes objectifs.

Pour toi, le voyage est plus important que l'objectif. Comme tu es un rêveur, tu te perds souvent dans ton propre paradis. Pour toi, il est essentiel de garder les pieds sur terre de temps en temps, de te rendre compte de la réalité et de prêter un peu plus d'attention au monde qui t'entoure.

Tes traits de personnalité sont les suivants :

- **Impulsif** : Tu fais les choses de manière spontanée. Tu as la capacité de tout voir différemment en comparaison avec les autres personnes.
- **Sensible** : Tu t'inquiètes beaucoup pour tout. Tu passes beaucoup de temps à réfléchir et à agir en te basant sur tes sentiments.
- **Créatif et artistique** : Tu es un expert en musique, en art et dans d'autres disciplines créatives.
- **Intuitif** : Tu ne fais pas la liste des tâches à réaliser et tu ne respectes pas les règles. Tu résous les problèmes de manière intuitive.
- **Rêveur** : Tu as des rêves au lieu d'avoir des objectifs, et tu donnes le meilleur de toi pour les atteindre et généralement, c'est un succès.

Rappelle-toi que les deux hémisphères du cerveau ne fonctionnent pas de manière isolée, ils travaillent ensemble et se complètent. Alors, bien qu'il semble que tu possèdes plus de caractéristiques d'un des hémisphères, il est également possible que tu possèdes des caractéristiques de l'autre hémisphère.

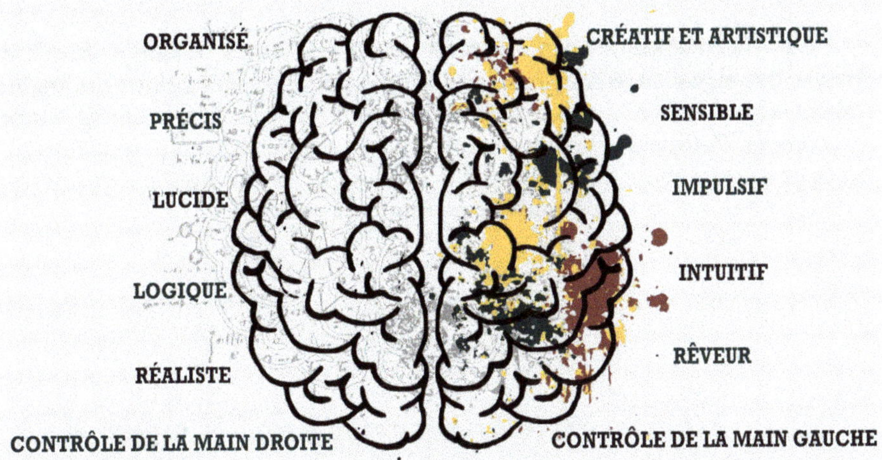

Test et interprétation reproduites exactement en respectant la source (Voir bibliographie).

Alors, qu'as-tu vu en premier ? La tête du tigre ou le singe suspendu ? Vos traits de personnalité coïncident-ils avec les descriptions données ?

Vous pouvez maintenant essayer d'autres tests gratuits pour mieux vous connaître. Vous connaître vous permettra de mieux vous positionner vis- à-vis des recruteurs et dans votre vie de tous les jours.

Allah (swt) invite ses sujets à Le connaître et donc par la même de découvrir leur vrai nature et leurs places à travers deux voies :

- Contempler sa Création,
- Réfléchir sur Ses signes et y méditer.

THINK LIKE RECRUITERS

Allah (swt) dit :

« Dans la création des cieux et de la terre, l'alternance de la nuit et du jour, le navire qui vogue en mer chargé de choses profitables aux gens, l'eau qu'Allah fait descendre du ciel et par laquelle Il redonne la vie à la terre une fois morte et sur laquelle Il disperse des animaux de toute espèce, la variation des vents, des nuages soumis entre ciel et terre, il y a des signes pour des gens qui raisonnent. »
Sourate Al-Baqara, verset 164

*« Dans la création des cieux et de la terre, l'alternance d
e la nuit et du jour, il y a certes là des signes pour les doués d'intelligence. »*
Sourate Al-Imran, verset 190

« Voici un Livre béni que Nous t'avons révélé, afin qu'ils méditent sur ses versets et que Les doués d'intelligence réfléchissent ! »
Sourate Sâd, verset 29[1]

« Nous leur montrerons Nos signes dans l'univers et en eux-mêmes, jusqu'à ce qu'il leur apparaisse clairement que ceci est la vérité. »
Sourate Fussilat, verset 53

Une fois que vous aurez passé ce processus d'apprentissage sur vous- même, vous trouverez facilement ce qui vous motive dans la vie en général, dans vos études et votre travail en particulier.

1. Un exemple de test gratuit en ligne : https://www.16personalities.com/fr/types-de-personnalite

1.1.2. Vos valeurs

Dans ce processus d'apprentissage, il ne faut pas occulter vos valeurs qui constituent, dans cette démarche de quête, l'un des éléments essentiels pour le choix de votre emploi et de votre mode de vie.

JOM/DIOM (Sens des responsabilités et du devoir)

C'est ANTA NAR DIOP ma grand-mère maternelle, qu'Allah lui accorde le paradis le plus haut. Elle m'a transmis cette valeur du JOM. Elle fut pour moi un modèle et un vrai mentor. Je passais mes vacances auprès d'elle dans son jardin. Ma grand-mère était une vraie passionnée dans son travail. Une vraie entrepreneuse. Travailler à la cueillette le matin dans son jardin et aller vendre au marché ensuite, voilà comment se résumaient ses journées. Il y a trois choses dont je me souviens en repensant à elle : Prier, évoquer Allah, travailler dans son jardin. Elle disait à celui qui voulait bien l'entendre de faire les choses avec JOM.

Le JOM est la dignité. Elle protège de l'absurdité, t'interdit de mentir et d'avoir peur. Il t'éloigne des humiliations. Le JOM te permet d'avoir la tête haute en toute circonstance.

Ça me tenait à cœur de rendre cet hommage à ma grand-mère. Je voulais aussi, comme elle l'a fait pour moi, vous transmettre la notion de JOM. Aussi, je peux vous citer d'autres valeurs que ma grande mère incarner :

- « Goré » : être digne
- « Fula » : La hauteur
- « Fayda » : Fermeté
- « Yar » : éducation, éduqué

THINK LIKE RECRUITERS

Dans ce livre qui a pour objectif de donner à travers certaines valeurs, des pistes dans votre recherche d'emploi, je me rappelle à moi-même d'abord, et à ceux qui liront ce livre, de mettre cette notion au cœur de leurs démarches quotidiennes. Il faut prendre sa vie en main et avancer. Il faut faire les choses avec JOM

Je vous propose de faire ce petit exercice pour découvrir quelles sont vos valeurs. En voici une liste non-exhaustive sur les pages qui suivent.

La liste des valeurs :

Abondance	Adaptabilité
Affection	Agilité
Altruisme	Ambition
Amitié	Appartenance
Apprentissage	Ardeur
Assurance	Audace
Aventure	Bénévolat
Bienveillance	Bravoure
Calme	Certitude
Chaleur	Charité
Chasteté	Clarté
Cohérence	Compassion
Compétence	Compréhension
Concentration	Confiance
Conformité	Connaissance
Continuité	Contrôle
Conviction	Convivialité
Coopération	Cordialité
Courage	Courtoisie
Créativité	Crédibilité
Curiosité	Découverte
Dépassement de soi	Détente
Détermination	Devoir
Dévotion	Dignité
Discipline	Discrétion
Disponibilité	Diversité
Donner	Douceur
Dynamisme	Économie
Éducation	Efficacité
Empathie	Endurance

La liste des valeurs (suite) :

Enthousiasme	Équilibre
Espoir	Esprit d'équipe
Éthique	Exactitude
Excellence	Expérience
Extravagance	Facilité
Famille	Férocité
Fiabilité	Fidélité
Fierté	Finesse
Flexibilité	Foi
Force de persuasion	Franchise
Gaieté	Générosité
Gloire	Gratitude
Habileté	Harmonie
Honnêteté	Honneur
Hospitalité	Humilité
Humour	Hygiène
Impact	Impartialité
Importance	Indépendance
Indépendance financière	Individualité
Ingéniosité	Intégrité
Intrépidité	Intuitivité
Jouissance	Justice
Environnementalisme	Leadership
Liberté	Lien
Lucidité	Maîtrise de soi
Minutie	Modestie
Motivation	Nature
Obéissance	Opportunisme
Optimisme	Ordre
Organisation	Originalité
Paix	Partage

La liste des valeurs (suite) :

Partenariat	Passion
Patience	Perfection
Persévérance	Persistance
Perspicacité	Philanthropie
Piété	Plaisir
Ponctualité	Popularité
Pragmatisme	Précision
Présence	Préservation
Prévenance	Pro activité
Professionnalisme	Prospérité
Proximité	Prudence
Pureté	Raison
Réalisme	Reconnaissance
Réputation	Résistance
Respect	Respect de soi
Responsabilité	Rigueur
Ruse	Sacrifice
Sagesse	Satisfaction
Science	Sécurité
Sérénité	Service
Simplicité	Sincérité
Solidarité	Solidité
Soutien	Spiritualité
Spontanéité	Stabilité
Statut	Structure
Succès	Tolérance
Traditionalisme	Unicité
Unité	

THINK LIKE RECRUITERS

Exercice à faire :

- Sur-ligner toutes les valeurs qui vous parlent
- En choisir 10
- Puis en choisir 3

Notez bien l'ensemble de vos valeurs ici :

....

Les trois valeurs que vous choisirez sont en substance les valeurs qui vous incarnent. Prenez votre temps pour observer, scruter la formation ou le métier qui respecte et prend en considération ces valeurs. Aller à l'encontre de vos valeurs vous mènera à coup sûr à l'échec, sur la voie de la dépression, du burn-out ou d'autres tracas de la vie.

Vos valeurs vous conduiront vers le meilleur choix.

« Ô enfants d'Adam ! Nous avons fait descendre sur vous un vêtement pour cacher vos nudités, ainsi que des parures. Mais le vêtement de la piété voilà qui est meilleur. C'est un des signes (de la puissance) d'Allah. Afin qu'ils se rappellent. »
Sourate Al A'raf,V.26

« Et prenez vos provisions ; mais vraiment la meilleure provision est la piété. »
Sourate Al Baqara, V.197

« La piété ! Quelle belle parure pour un serviteur et quel élégant habit à porter !»
Sourate Al-Araf V.26

Un poète a dit :

« Si tu quittes ce monde non accompagné d'une provision de piété et qu'il t'arrive de rencontrer quelqu'un qui s'en est bien approvisionné pour ce jour de la résurrection ; Tu regretteras amèrement de n'avoir pas agi comme lui et de n'avoir pas amassé un crédit comme le sien. »

1.1.3.Intention

Étudier, travailler, entreprendre, tout cela est précédé d'une intention. Elle peut être consciente ou non, saine ou mauvaise. Quelle que soit sa nature, l'intention est au centre et au départ de toutes nos actions. Il est donc primordial pour l'acteur de faire un travail sur le « pourquoi ». Pourquoi, je fais ça ? Pourquoi, j'exerce cet emploi ? Pourquoi, je fais ces études ? Ces questionnements vont vous permettre de prendre conscience de votre intention.

Cette prise de conscience donnera du sens à votre travail, mais aussi de l'épanouissement et par conséquent de la réussite. L'introspection mène à la détermination et donc à la motivation. Cependant, après la découverte de cette intention, il est important de faire confiance en ses capacités mais surtout en Allah.

Avoir une confiance en Allah induit de prendre conscience qu'Allah comble son serviteur avec ce qui peut lui être bénéfique, autant dans sa religion que dans sa vie quotidienne, la dounya. C'est un atout formidable car la personne qui fait confiance en Allah sera loin de la tristesse, du chagrin, de la dépression et la baisse de la motivation.

Omar Ibn Al-Khattab, Radhiya Allahou 'Anhou, a dit : « *J'ai entendu le Prophète ﷺ, dire : "Les actions ne valent que par les intentions qui les motivent et chacun n'a pour lui que ce qu'il a eu réellement l'intention de faire. Celui qui émigre pour Dieu et Son Messager, son émigration lui sera comptée comme étant pour Dieu et Son Messager. Et celui qui émigre pour acquérir des biens de ce bas-monde ou pour épouser une femme, son émigration ne lui sera comptée que pour ce vers quoi il a émigré."* » (Rapporté par Boukhari et Mouslim).

Imam Al-Hasan Al-Basrî (rahimahou Allah) disait :

« Lorsque j'ai compris que ma subsistance venait d'Allah, mon cœur s'est apaisé. »

Cependant, Allah nous ordonne et nous enjoint de faire les causes.

« En vérité, Allah ne modifie point l'état d'un peuple, tant qu'ils ne modifient pas ce qui est en eux-mêmes. »
Sourate Ar-ra'd, V.11.

1.1.4.Le choix

Le libre arbitre

En Islam, l'Homme dispose de la liberté de choisir. C'est pourquoi il peut être soit récompensé pour ses choix, soit châtié pour ceux-ci. Sa volonté reste toutefois dépendante de celle d'Allah Très-Haut ; rien ne se passe dans l'univers qui soit contraire à la volonté d'Allah. Cela signifie que notre destin, déterminé par Allah, est exact et conforme aux paroles du Très Haut :

« Nous l'avons guidé dans le chemin, -qu'il soit reconnaissant ou ingrat. »
Sourate L'Hommes, V. 3

Et : *« Ne l'avons-Nous pas guidé aux deux voies ? »*

Sourate La Cité, V. 10

Et : *« Mais vous ne pouvez vouloir, que si Allah veut, (Lui), le Seigneur de l'Univers. »*

Sourate La Caverne, V. 29

En matière de choix de vie, il ne faut subir l'agenda de personne si celui-ci ne vous convient pas. Il est important de prendre conseil mais le choix final vous appartient. C'est votre vie avant toute chose. Ce choix n'est pas comme le prétendent certains, vous avez le droit de vous tromper, de prendre un mur et d'échouer. Par vos erreurs, vous allez apprendre et vous renforcer.

J'ai rencontré des personnes issues d'une famille de scientifiques, l'une d'entre elles avait une tout autre sensibilité, des désirs et une personnalité qui nous est propre et souvent très différente de ceux qui tente de nous imposer des choix. Efforçons-nous donc de ne pas incarner le rêve de quelqu'un d'autre.

THINK LIKE RECRUITERS

Je vais partager avec vous ci-après, quelques citations relatives au choix de vie qui m'ont particulièrement parlé et plu.

« Choisis un travail que tu aimes, et tu n'auras pas à travailler un seul jour dans ta vie. »
Qui KONG aka Confucius

« Où arrive la caravane qui se hâte, arrive la caravane qui marche lentement. »
Proverbe maure

En commentaire de ce proverbe maure, mon ami Adam dit : *« Et surtout, cette dernière contrairement à l'autre, a l'avantage de ne pas éveiller l'attention des chiens qui aboient. »* Adam SELAMNIA

En kabyle, on dit aussi : *« Que tu arrives au maghreb ou au Isha, l'essentiel c'est d'arriver. »* Maghreb et Isha sont deux moments propices à la prière obligatoire pour le musulman : Maghreb étant avant Isha. En résumé, l'essentiel est d'arriver à bon port. Peu importe le temps que cela prendra. L'objectif est l'épanouissement au travail, dans vos études et in fine dans votre vie.

1.1.5.Le RIZQ

Le Rizq est tout ce qui t'est destiné comme subsistance. La subsistance peut être spirituelle comme matérielle. En fonction de notre sujet, ce qui nous intéresse ici c'est la subsistance matérielle, qui se manifeste par l'obtention d'un emploi par exemple.

Allah est Al-RAZZAQ, le pourvoyeur à tous nos besoins. Dans le Coran, le Rizq est cité plusieurs fois :

« Que dites-vous de ce qu'Allah a fait descendre pour vous comme subsistance et dont vous avez alors fait des choses licites et des choses interdites ? »

Sourate Yunus, V. 59

« Et ne tuez pas vos enfants par crainte de pauvreté ; c'est Nous qui attribuons leur subsistance, tout comme à vous. Les tuer, c'est vraiment, un énorme péché. »

Sourate Al Isra, V. 31

« Ou quel est celui qui vous donnera votre subsistance s'Il s'arrête de fournir Son attribution ? Mais ils persistent dans leur insolence et dans leur répulsion. »

Sourate Al Mulk, V. 21

Allah a prescrit notre Rizq avant même que nous soyons nés. Et peu importe ce que nous faisons dans notre vie, pas une seule miette de Rizq qui nous est destinée ne nous échappera ! Tout nous parviendra quoi qu'il en soit. Quand bien même notre Rizq est déjà écrit, il faut faire des efforts pour l'obtenir, ou bénéficier de plus. Ce n'est pas contradictoire.

« En vérité, Allah ne modifie point l'état d'un peuple, tant qu'ils ne modifient pas ce qui est en eux-mêmes. »

Sourate Ar-ra'd, V.11.

THINK LIKE RECRUITERS

Citons quelques comportements que le musulman doit observer s'il souhaite qu'Allah lui accorde une bonne subsistance. La première chose est de se rapprocher du divin et de s'éloigner de ses interdits.

Ibn Al Qayyim dans son livre « Zaad Al Maad » nous évoque justement les comportements honorables permettant d'obtenir une bonne subsistance et l'augmenter.

1. Faire des prières nocturnes « Qiyam al-layl » pendant que les autres dorment : vous créez ainsi une relation unique avec Allah. Vous sollicitez Allah pour vos besoins,

2. Demander pardon à Allah (le repentir) par « Al istighfar ». La preuve est dans le Coran : *« J'ai donc dit : "Implorez le pardon de votre Seigneur, car Il est grand Pardonneur, pour qu'Il vous envoie du ciel, des pluies abondantes, et qu'Il vous accorde beaucoup de biens et d'enfants, et vous donne des jardins et vous donne des rivières." »*
   Sourate Nuh (Noé)V.10,11,12

3. Faire des aumônes. L'aumône fait croître le Rizq.

4. Évoquer Allah en début et en fin de journée : « Azkar Masaa wa sabah » (les invocations du soir et du matin).

Je vous conseille d'ailleurs de vous procurer le petit livre « La citadelle du Musulman » ou de télécharger l'application sur votre smartphone.

1.1.6. Tawakkul

Cependant, le croyant ne s'arrête pas à la simple expression de son libre arbitre. Le terme « at tawakkul » dérive de « al wakâlah », qui désigne la procuration. Lorsqu'une personne confie son affaire à une autre personne, elle se fie à elle en cela, car elle pense que celle-ci a des qualités qui lui valent cette confiance. « At tawakkul » en langue arabe, peut être traduit littéralement par « la domination, la subordination, la dépendance ». Cette signification prend tout son sens lorsque l'on parle de la confiance en Allah.

Qu'est-ce que la confiance en Allah (Tawakkul) ?

Allah dit dans le Coran : *« Et quiconque place sa confiance en Allah, il Allah lui suffit. Allah atteint ce qu'il se propose, et il a assigné une mesure à chaque chose »* Sourate At-Talâq v.3

Umar Ibn Al-Khattâb rapporte que le Prophète ﷺ a dit : *« Si seulement vous vous en remettiez à Allah comme il convient, Il vous apporterait votre subsistance comme Il l'apporte aux oiseaux qui quittent le matin leur nid le ventre creux pour y retourner en fin de journée le ventre plein. »* Rapporté par l'imam Ahmed, At-Tirmidhi et d'autres.

Il n'y a rien de mieux pour une personne croyante que de demander à son Créateur de choisir la meilleure voie pour lui. Pour cela, nous les musulmans ont la chance d'avoir la Salat al-Istikharah ou autrement dit prière de consultation. Comme son nom l'indique, c'est une prière que le musulman accomplit dans le but de consulter Allah le Très-Haut, afin qu'Il nous oriente au sujet d'une décision que nous devons prendre, et à propos de laquelle nous sommes hésitants.

On accomplit la prière de consultation pour demander à Allah de choisir ce qui est bon pour nous. Cette prière nous aide donc à prendre de bonnes décisions dans notre vie.

THINK LIKE RECRUITERS

Imaginez que vous ayez trouvé une entreprise très attirante qui vous propose de vous embaucher pour un travail que vous aimez, avec un salaire alléchant. Convient-il pour autant de foncer tête baissée et d'accepter ce poste instantanément ?

On serait tenté de dire « oui », surtout étant donné la conjoncture économique actuelle. Cependant, ce serait un manque considérable de ne pas accomplir la prière de consultation avant de prendre une décision. En effet, il se peut que cet emploi vous semble être idéal, mais que finalement, il provoque par la suite dans votre vie des choses négatives que vous ne soupçonnez même pas. Allah ne dit-Il pas dans Son Noble Coran : « (...) **Mais il se peut que vous ayez de l'aversion pour une chose qui constitue pourtant un bien pour vous ; et il se peut que vous en chérissiez une autre, alors qu'elle constitue un mal pour vous. Allah le sait ; mais vous, vous ne le savez pas. » Sourate Al-Baqarah, V. 216.**

C'est pourquoi, il est primordial d'être reconnaissant peu importe les circonstances de la vie : dans les « bons » comme dans les « mauvais » moment. Car finalement, tout échec ou événement dit malheureux doit être reçu comme un enseignement divin dont la finalité peut parfois nous échapper mais dont on doit accepter l'obligatoire bienveillance divine qui se cache derrière.

Invocation de la prière de consultation en phonétique :

« Allâhumma innî astakhîruka bi 'ilmika wa astaqdiruka bi- qudratika wa as`aluka min fadlika al-'adhîm, fa-innaka taqdiru wa lâ aqdiru, wa ta'lamu wa lâ a'lamu, wa anta 'allâmu al-ghuyûb. Allâhumma in kunta ta'lamu anna hâdhâ al-amra (wa yussamîhi bi'aynihi) khayrun lî fî dînî wa ma'âchî, wa 'âqibati amrî, faqdurhu lî, wa yassirhu lî, thumma bârik lî fîhi, wa in kunta ta'lamu anna hâdhâ al-amra charrun lî fî dînî, wa ma'âchî, wa 'âqibati amrî, fasrifhu 'annî, wasrifnî 'anhu, waqdur liya al-khayra haythu kâna, thumma ardinî bihi ». (rawâhu l-Boukhari fi Sahîhihi) »

Traduction en français :

« Ô Seigneur ! Je Te consulte de par Ta connaissance et je T'implore de m'accorder le pouvoir de Ton pouvoir et je Te demande de Ton immense générosité. Car Tu es certes capable et je suis incapable, Tu sais tout tandis que moi je ne sais pas, et c'est Toi le Grand Connaisseur de tout ce qui est inconnu. Ô Seigneur ! Si Tu sais que cette chose – nommer clairement la chose en question – est une source de bien pour moi dans ma religion, dans ma vie présente et dans ma vie future (ou il dit : ici-bas et dans l'au-delà) destine-la- moi et facilite-la-moi puis bénis-la-moi. Et si Tu sais que cette chose est pour moi une source de mal dans ma religion, dans ma vie présente et dans ma vie future (ou il dit : ici-bas et dans l'au-delà) détourne-la de moi et détourne-moi d'elle et prédestine-moi le bien là où il se trouve puis rends-moi satisfait de cette décision. »

Résultat de la prière de consultation :

Doit-on attendre un signe ou un rêve ? Beaucoup de gens se demandent, légitimement, comment les résultats de la prière de consultation nous parviennent. Certains pensent que c'est en rêve que l'on voit le résultat de la Salat al-Istikharah. En réalité, le rêve n'est pas une condition impérative.

Nos savants nous disent en effet que pour connaître la réponse de la prière de consultation, il faut entreprendre ce que l'on a envie de faire. Si l'on voit que notre projet se réalise de manière relativement simple (il peut y avoir des problèmes, mais ordinaires) c'est qu'il s'agit du bon choix. En revanche, si l'on rencontre d'énormes difficultés dans l'accomplissement du projet, il convient de renoncer à son entreprise.

1.1.7. Motivation

Nous ne pouvons pas terminer sans évoquer un terme plus classique mais tout aussi important : la motivation. Pour définir ce terme, il importe de partir de son étymologie. Motivation vient du mot « motif », lui-même emprunté au latin motivus qui signifie « mobile » et movere dont l'équivalent en français est se mouvoir. L'imam Ashafi'i en quelques vers a, pour moi, résumé et qualifié la motivation.

LES VERS DE L'IMAM ASHAFI'I

« J'ai vu que quand l'eau stagne, elle devient mauvaise. Si elle coule, elle devient bonne, mais si elle ne coule pas, elle s'attire toutes les saletés. Si le lion ne quitte pas la terre où il est né, jamais il ne gagne en férocité. Et si la flèche ne quitte pas l'arc, jamais elle ne peut atteindre sa cible. »

L'auteur ici nous montre d'une façon imagée que l'on doit être en mouvement perpétuel. Il nous fait comprendre que l'on a besoin de ce mouvement pour parfaire notre cheminement spirituel et professionnel. Par conséquent, la motivation est de se déplacer pour un motif. Dans la psychologie évolutionniste, la motivation est divisée en trois notions. Nous sommes motivés pour satisfaire certains besoins :

- Besoin de reproduction (le mariage, plaire à l'autre sexe, faire des enfants)
- Besoin de se nourrir (argent pour entretenir le premier en général)
- Besoin d'appartenance (s'intégrer à un groupe et y être accepté)

Le Coran nous confirme que ceci fait partie de nous :

« On a enjolivé aux gens l'amour des choses qu'ils désirent : femmes, enfants, trésors thésaurisés d'or et d'argent, chevaux marqués, bétail et champs ; tout cela est l'objet de jouissance pour la vie présente, alors que c'est près de Dieu qu'il y a bon retour. »
Sourate La famille d'Imrane, V. 14.

MOTIVATION

Comment traduire cette motivation pour démontrer au recruteur que vous êtes la personne qu'il lui faut ?

Il faut d'abord distinguer la motivation pour obtenir le poste à celle de vraiment exercer les missions y afférent.

- **La première** : La personne donne l'impression qu'elle est uniquement là pour un poste et donc résoudre sa situation financière ou personnelle, et bien souvent cette personne est en situation de demande.
- **La deuxième :** La personne montre de la passion pour le poste proposé, une assurance pour exercer les missions s'y rapportant, et bien souvent se positionne comme apporteur de solution.

Soyez des professionnels apporteurs de solution pour votre futur employeur. C'est à mon avis le bon positionnement pour démontrer sa motivation à un recruteur. Le retour d'expérience prouve qu'une fois la motivation trouvée il faut la maintenir, et pour cela il convient de se fixer :

- Des objectifs à court, moyen et à long terme ;
- Des objectifs atteignables.

1.1.8.Salaire

Le salaire représente non seulement la contrepartie du travail effectué mais aussi un investissement sur le salarié dont l'entreprise attend un retour effectif. C'est une somme d'argent versée par l'employeur au salarié en paiement d'un travail effectué.

a) Le lien entre motivation et salaire

Le salaire attire des candidats et permet de retenir les employés à un lien avec le rendement d'un collaborateur. Mais... le salaire est loin d'être l'unique facteur de motivation.

En tant que personne à la recherche d'un emploi ou qui souhaite évoluer au sein d'une structure, la question du salaire ne doit plus être un sujet tabou. Il convient de se renseigner rigoureusement sur sa valeur sur le marché du travail.

« Travail fait, demande salaire. »
« Lavoro fatto, danari aspetta. »
Proverbes italiens

J'ai souvent reçu des demandeurs d'emploi et échangé avec eux dans le cadre d'un entretien d'embauche. Certains pour décrocher le poste, avancent l'argument selon lequel le montant du salaire ne serait pas important ou affirment ne pas savoir combien ils doivent demander comme salaire.

Êtes-vous conscient que vous allez fournir un effort pour enrichir une personne ? Venir à un entretien avec une idée précise de sa prétention salariale c'est faire preuve de professionnalisme. Cessez cette pudeur mal placée. Stop stop stop !

Je milite pour un salaire qui débute à partir du niveau 5 de la pyramide des besoins de Maslow c'est à dire : Le besoin d'estime, statut et respect. Si le candidat obtient un salaire de niveau supérieur c'est encore mieux, il atteint la réalisation de soi.

a) **Le meilleur revenu**

D'après Khalid (qu'Allah l'agrée), le Prophète ﷺ a été interrogé concernant le meilleur revenu. Il a répondu : *« Une vente dans laquelle il n'y a pas de tromperie et le travail d'un homme de sa main. »* (Rapporté par Ahmed et authentifié par Cheikh Albani dans Sahih Targhib n°1689)

b) **Le meilleur des salaires**

D'après Al Miqdam (qu'Allah l'agrée), le Prophète ﷺ a dit : « Aucun homme n'a gagné un meilleur salaire que ce qu'il a gagné par le travail de ses mains. Et tout ce qu'un homme dépense pour lui, pour sa famille, pour ses enfants, pour son servant est une aumône. » (Rapporté par Ibn Maja et authentifié par Cheikh Albani dans Sahih Al Jami n°5660)

Négocier son salaire avant d'accepter un emploi a un impact considérable sur nous, notre famille et notre entourage. Comment pouvez-vous subvenir convenablement à vos besoins et à ceux qui sont sous votre responsabilité si vous accepter le premier salaire que l'on vous propose ? Un des travers de la mondialisation et donc du capitalisme est le fait de produire des travailleurs pauvres.

c) **Qu'est-ce qu'un travailleur pauvre ?**

Un travailleur pauvre est une personne qui travaille mais dont le niveau de vie est inférieur au seuil de pauvreté. Si elle vit seule, on compare son revenu après impôts et prestations sociales au seuil de pauvreté. Si elle vit dans un ménage de plusieurs personnes, on rapporte les revenus de l'ensemble du ménage au nombre de personnes qui le composent.

Il ne s'agit pas de la rémunération que le travailleur tire individuellement de son travail, mais du niveau de vie global de sa famille. Une personne qui travaille pour un salaire très faible (un smic en temps partiel, par exemple) ne sera pas considérée comme pauvre si son conjoint dispose d'un revenu qui permet au couple de sortir de la pauvreté.

À l'inverse, une personne à plein temps au smic pourra être comptée comme travailleur pauvre si son salaire est la seule ressource pour sa famille. La définition des « travailleurs » diffère selon l'organisme statistique. Dans les données sur les revenus de l'Insee, on considère comme « en emploi » une personne qui travaille au moment de l'enquête. De son côté, l'organisme européen Eurostat comptabilise les personnes qui ont passé au moins la moitié de l'année en emploi (2).

Avoir un salaire correct et convenable est très important. Il nous permet de nous acquitter de la zakat (l'Aumône légale), de prendre soin de notre famille, d'aider la communauté, d'aller au pèlerinage à la Mecque et beaucoup d'autres devoir.

2. Un des outils pour comparer et vous renseigner sur les salaires avant un entretien est ce site : https://www.glassdoor.fr/index.htm

2. Citations et proverbes inspirants

1. Citations

« Chaque fois qu'IL (ALLAH) te donne, IL te témoigne de Sa générosité. Chaque fois qu'IL te prive, IL te témoigne de Sa domination. En toute chose, IL Se fait connaître à toi et vient à toi par le biais de Sa bonté »

IBN-ATA-ALLAH AL-ISKANDARI

« Qu'il (ALLAH) suffise à ta peine, dans les épreuves que tu endures, de savoir qu'IL est, LUI le Très Haut, Celui qui t'éprouve. Celle dont les décrets s'accomplissent en toi est aussi Celui qui a coutume de choisir ce qu'il y'a de mieux pour toi. »

IBN-ATA-ALLAH AL-ISKANDARI

« Un gagnant est un rêveur qui n'abandonne jamais »

NELSON MANDELA

« Il n'existe aucune voie qui permette d'échapper à la critique des gens, suis donc scrupuleusement ce qui t'es bénéfique. » **L'IMAM ASH-SHAFI'I**

« Si tu t'inquiètes du vent, tu ne sèmeras jamais. Si tu scrutes les nuages, tu n'auras pas de récolte… »

AL HASSAN AL-BASRÎ

THINK LIKE RECRUITERS

« Le plus ignorant des hommes est celui qui renonce à ce qu'il sait de lui-même pour adopter l'opinion d'autrui. »
IBN-ATA-ALLAH AL-ISKANDARI

« O fils d'Adam ! En vérité tu n'es qu'un nombre de jour. Lorsqu'un jour passe, c'est une partie de toi qui s'en va »
AL HASSAN AL-BASRÎ

« J'ai lu 90 passages du Coran qu'Allah a prédestiné et garanti la subsistance des créatures. Et dans un seul passage : <Le diable vous fait craindre la pauvreté> (Sourate Al-Baqarah, V.268). Nous avons douté de la Parole d'Allah Le Véridique qui est citée 90 fois et nous avons cru la parole du diable menteur qui n'a été citée qu'une seule fois… !»
AL HASSAN AL-BASRÎ

« Si tu abandonnes une fois, cela peut devenir une habitude. N'abandonne jamais »
MICHAEL JORDAN

"J'ai raté 9000 tirs dans ma carrière. J'ai perdu presque 300 matchs. 26 fois, on m'a fait confiance pour prendre le tir de la victoire et j'ai raté. J'ai échoué encore et encore et encore dans ma vie. Et c'est pourquoi je réussi. »
MICHAEL JORDAN

1.2.2.Proverbes

« L'homme ne vit pas du nom, mais du travail. »
Proverbe Tchoude

« Celui qui travaille avec fatigue mangera avec plaisir. » **Proverbes chinois**
(Proverbes chinois recueillis et mis en ordre Par Paul Perny)

« Les tuiles qui garantissent de la pluie ont été faites dans le beau temps. »
Proverbes Chinois

« Nul n'est plus insensé que le paresseux qui pleure sur son sort. »
Proverbe Maure

« On ne jette pas le poisson qu'on a dans la main pour prendre celui qu'on a sous le pied. »
Proverbe Bambara

« Il faut creuser les puits aujourd'hui pour étancher les soifs de demain. »
Proverbe Peul

« Le savoir est un champ, mais s'il n'est ni labouré, ni surveillé, il ne sera pas récolté. »
Proverbe Peul

« Ce que Dieu te donne, le vent ne peut l'emporter. »
Proverbe Malien

« Si on te vante les pâturages d'un pays continue à faire paître le tien »
Proverbe Maure

« Celui qui a parcouru cent villages et celui qui a lu cent livres peuvent discuter ensemble. »
Proverbe Soninké

1.2.3.Les bonnes habitudes à avoir ou à développer (liste non-exhaustive)

- **Levez-vous tôt**

Abd'Allah Ibn Abbas (qu'Allah l'agrée) vit un de ses enfants dormir le matin et lui dit : « Lèves-toi ! Dors-tu au moment où la subsistance est distribuée ? » Le sommeil de la matinée empêche la subsistance, car c'est le moment où les gens cherchent leur subsistance, et le moment où elle est partagée. Ce sommeil est donc une privation sauf en cas d'événement ou de nécessite.

- **Lisez tous les jours**

Stimulation mentale, réduction du stress, connaissance, expansion du vocabulaire, amélioration de la mémoire, concentration et concentration améliorées, meilleures compétences en rédaction.

- **Fixez-vous des objectifs**

« Il n'y a pas de bon vent pour celui qui ne sait où il va. » **Sénèque**. Cela permet de relever la tête et d'être en mouvement vers des jours meilleures. Puis, sans même s'en apercevoir, on avance. De l'intention découle l'action.

- **Soyez-vous même**

C'est identifier ses imperfections mais surtout assumer ses qualités et ses points forts. Accepte ce que tu aimes, que tu vibres pour des choses impopulaires. Être soi-même c'est vivre une passion qui semble ringarde aux yeux des autres, c'est accepter d'aimer des choses que les autres n'aiment pas.

- **Soyez ambitieux**

Umar ibn 'Abd al-'Azîz, qu'Allah lui fasse miséricorde, a dit : *« J'ai une âme ambitieuse qui aspirait à l'émirat. Ensuite, y étant parvenue, elle aspira au califat puis, y étant arrivée, elle aspira au paradis. »* Il s'agit de l'ambition : que l'âme aspire à ce qui est plus parfait, meilleur et plus sublime. Le Prophète Muhammad (ﷺ) exhortait toujours la Oumma (nation islamique) à aspirer à ce qui est le plus élevé et à se débarrasser de ce qui est médiocre. Il a dit : *« Allah, exalté soit-Il, aime ce qui est élevé et noble et déteste ce qui est futile.*
»

- **Choisissez vos amis et votre réseau**

« Les compagnons seront ce jour-là des ennemis les uns pour les autres, sauf ceux qui étaient pieux », Sourate Az-Zoukhrouf V.67. Comme l'a dit le prophète Mohamed (ﷺ) : *« l'homme a la religion de son khalil (ami proche), prenez garde de bien choisir vos amis. »* [Abou Dawoud et At-Tirmidhi], il faut donc choisir qui on prend comme ami et qui on fréquente. Le Prophète Muhammad (ﷺ) nous a informés que l'individu est influencé par son ami c'est pour cela qu'il faut être très rigoureux dans le choix des amis.

Dans un autre Hadith rapporté par Muslim, (qu'Allah lui fasse miséricorde), le Prophète Muhammad (ﷺ), a symbolisé l'influence mutuelle entre amis, en comparant le bon compagnon au vendeur de musc et le mauvais à celui qui attise la forge avec le soufflet.

- **Gérez votre porte-monnaie**

« Se poser les bonnes questions est la moitié de la science, bien gérer son argent est la moitié de la richesse et se taire est la moitié de la sagesse. » Omar Ibn Al Khattab

- **Prenez exemple**

« En vérité, dans le Prophète d'Allah, vous avez un excellent modèle pour celui qui garde espoir en Allah et le dernier; qui se souvient énormément d'Allah (Le Saint Coran, chapitre 33, verset 22). Dis : « Si vous aimez Allah, alors. Allah vous aimera et vous pardonnera vos péchés, et Allah est très pardonnant, Miséricordieux » Sourate Al'Imran, V. 32

- **Soyez utile aux autres**

D'après Aicha (qu'Allah l'agrée), le Prophète (ﷺ) a dit : *« Le meilleur d'entre vous est celui qui est le meilleur avec sa famille et je suis le meilleur d'entre vous avec sa famille et lorsque l'un d'entre vous meurt laissez-le ».*(Rapporté par Tirmidhi dans ses Sounan n°3895 qui l'a authentifié et il a également été authentifié par Cheikh Albani dans sa correction de Sounan Tirmidhi). C'est à dire ne mentionnez pas les défauts qu'il pouvait avoir car ceci fait partie du bon comportement (Touhfatoul Ahwadhi).

D'après Abou Houreira (qu'Allah l'agrée), le prophète Mohamed (ﷺ) a dit : "*Celui qui soulage un croyant d'un souci parmi les soucis d'ici-bas, Allah le soulage d'un souci parmi les soucis de l'au- delà* » (Rapporté par Muslim dans son Sahih n°2699).

Selon Ibn 'Omar (qu'Allah l'agrée), un homme vint au Messager d'Allah (ﷺ), et Lui dit : *« Ô messager d'Allah lequel des hommes est plus aimé d'Allah (ﷺ) ? Quelle œuvre est plus aimée d'Allah ? »* Le Messager d'Allah (ﷺ) dit : *« L'homme le plus aimé d'Allah est celui qui est plus utile aux hommes. Et l'œuvre la plus aimée d'Allah est une joie procurée à un musulman, ou un souci dissipé, ou une dette payée, ou une faim satisfaite. Certes, que j'accompagne un frère à régler un besoin est plus aimé de moi que de faire une retraite d'un mois à cette mosquée (Celle de Médine). Celui qui retient sa colère, Dieu recouvrera ses défauts, celui qui maitrise sa colère alors qu'il est en mesure de réagir, s'il voulait agir, Dieu remplira son cœur d'assurance au jour de la résurrection. Celui qui marche avec son frère pour réaliser une de ses affaires, Dieu affermira ses pas le jour où les pas glissent ».* Hadith rapporté par at-Tabarânî et authentifié par Cheikh al Albani.

La rétribution correspond à l'action, Allah se comportera avec son serviteur de la même façon que ce dernier se comportera avec ses propres serviteurs. Donc, comporte-toi avec autrui comme tu voudrais qu'Allah se comporte envers toi. Le Prophète (ﷺ), a dit : *« Le Miséricordieux fait miséricorde à celui qui fait preuve de miséricorde. Donc, faites miséricorde à toutes créatures sur terre pour que Celui qui est au ciel vous fasse miséricorde »* (rapporté par boukhâry).

1.2.4. Les mérites du Coran (liste non-exhaustive)

a) La multiplication de la Récompense

Selon Ibn Mas'oûd (qu'Allah l'agrée), le Prophète (ﷺ) a dit : *« Celui qui lit une seule lettre du Coran s'inscrit une bonne action et la bonne action a dix fois son salaire. Je ne dis pas que "Alif Lam Mim" est une lettre, mais Alif est une lettre, Lam est une lettre et Mim est une lettre ».* (At-Tirmidhi et Ibn Mâja avec une chaîne authentique).

Le Coran est le meilleur Dhikr : Selon Khazînat Ul Asrâr de Muhammad Haqqî An Nâzilî (qu'Allâh l'agrée) l'auteur dit : *« Le Prophète (ﷺ) a dit : " La récitation du Coran en prière l'emporte en mérite sur sa récitation dans d'autres circonstances. La récitation du Coran en une circonstance autre que la prière l'emporte en mérite sur les glorifications (takbîr) et les louanges (tasbîh). Le takbîr et le tasbîh l'emportent en mérite sur l'aumône et l'aumône l'emporte sur le jeûne et le jeûne est un rempart contre l'enfer ».* (Rapporté par Al Jâmi' Us Saghîr). Ce hadith a fait dire à l'Imam Ibn Al Qayyim Al Zawziya : « La Lecture du Coran est meilleure que le Dhikr.

b) L'élévation dans les degrés du Paradis

Le Coran est tout d'abord un rempart contre le feu : L'apprentissage du Coran préserve du feu, le Prophète (ﷺ) a dit *: « Si on plaçait le Coran dans du cuir et qu'ensuite on le lançait dans le feu, il ne brulerait pas. »* (Rapporté par Ahmad). Ibn Jawzi dit à propos de ce hadith : *« Cela veut dire que celui qui a appris le Coran sera préservé du Feu.»* Selon 'Abdoullâh Ibn 'Amr Ibn Al-'As (qu'Allah l'agrée), le Prophète (ﷺ) a dit : « *On dira (le jour du jugement dernier) au lecteur assidu du Coran » : « Lis et monte (les degrés du Paradis). Récite clairement comme tu le faisais dans le bas-monde. Ta place au Paradis te sera fixée au dernier verset que tu liras » ».*

« On fera venir l'intime du Coran le Jour du Jugement et le Coran dira : « Oh Seigneur, facilite lui », on le coiffera alors d'une couronne de noblesse. Le Coran dira alors : « Oh Seigneur, ajoute-lui », on l'habillera alors d'un vêtement de noblesse. Le Coran dira : « Oh Seigneur soit satisfait de lui », On sera alors satisfait de lui. On lui dira alors : *« Lis et à chaque verset que tu liras, on te rajoutera des bonnes actions. »* (Rapporté par Tirmidhi). Omar ben Al-Khattab (qu'Allah l'agrée) a dit : *« Le Prophète de Dieu (ﷺ) a dit : « Grâce à ce Livre, Dieu élèvera des gens et abaissera d'autres. » »*

c) L'intercession du Coran pour ses lecteurs assidus

Abou Oumâma (qu'Allah l'agrée) rapporte : *« J'ai entendu le Prophète d'Allâh (ﷺ) dire : « Lisez le Coran car il viendra le jour de la résurrection comme intercesseur pour les siens » ».* (Mouslim). An-nawâs Ibn Sam'an (qu'Allah l'agrée) a dit : *« j'ai entendu le Prophète d'Allâh (ﷺ) dire: « Le jour de la résurrection on fera venir le Coran et Ses Gens qui le mettaient en pratique dans ce bas-monde. Il est précédé par les chapitres "La vache" et "La famille de 'Imràn" qui viendront disputer en faveur de celui qui les lisait et appliquait leurs principes » ».*

Aussi (ﷺ) a dit : *« Celui qui apprend le Coran par cœur en observe ses décrets permissifs et ceux prohibitifs, Dieu le fera entrer au paradis et lui accordera l'intercession en faveur de dix proches parents qui seront voués à l'enfer ».* (Tirmidhi)

Le Coran peut être pour nous ou contre nous le Jour du Jugement. Si le musulman remplit toutes ces obligations envers le Coran, celui- ci témoignera en sa faveur le Jour de la Résurrection en disant : *« Ô Seigneur ! Tu en as fait l'un de ceux qui ont mémorisé le Coran et il était parmi les meilleurs : il a préservé mes limites, appliqué mes préceptes, s'est éloigné de mes interdictions et a suivi mes ordres. »*

Le Coran ne cessera d'étayer les arguments jusqu'à ce qu'il lui sera dit : *« Dispose de lui comme tu veux ! » Alors le Coran le prendra par la main et il ne le relâchera qu'après l'avoir habillé d'une tenue d'Istabrak, brocart, lui fixer la couronne du trône sur sa tête et l'abreuver d'un verre de nectar. »*, rapporté par Ibn Abi Chaiba.

Le Prophète (ﷺ) a dit : *« Le Coran est un intercesseur agréé et un défenseur véritable. Alors quiconque prend pour guide le Coran, il le mènera au Paradis, et quiconque (le délaisse) derrière lui il le poussera dans le feu de l'enfer ».* (Ibn Hibban)
Al Qadi 'Iyâd a dit :
« L'on a rapporté un hadîth du Prophète que Celui-ci a dit :
« Quiconque se conforme à l'enseignement contenu dans mes paroles, les comprend bien et les mémorise, viendra, au jour du jugement, en harmonie avec le Coran. Quiconque négligera le Coran et mes paroles, perdra ici-bas comme dans l'au-delà. » » Ceci est tiré du Tafsîr de Sayyidî At Ta'âlibî intitulé Al Jawâhir Ul Hisân.

d) La proximité des Anges messagers

Selon 'Aïcha (qu'Allah l'agrée), le Prophète (ﷺ) a dit: *« Celui qui lit assidûment le Coran et qui excelle dans sa lecture, sera avec les nobles anges-Messagers qui ne font qu'obéir à leur Seigneur. Celui qui lit péniblement le Coran et en hésitant dans sa lecture aura quand même deux récompenses ».* (Al-Boukhâri, Mouslim)

e) La noblesse des assidus du Coran

Dans Al Jâmi' Us Saghîr de Sayyidî As Suyûtî, il est dit ce hadith : *« Les nobles de ma communauté sont les dépositaires du Qurân. « C'est à dire ceux qui l'ont mémorisé et qui le récitent avec assiduité et qui mettent ses règles en pratique ».* Rapporté par At Tabarânî. Dans Al Jâmi' Ul Kabîr et Al Bayhaqî dans le chapitre de la foi, d'après Ibn 'Abbâs. (C'est un hadîth da'îf).

On y rapporte de même : *« Allâh a Ses Gens parmi les humains » ; « Qui sont-Ils Ô Envoyé d'Allâh ? » lui demanda-t-on. ; « Ce sont - répondit-Il - les Gens du Qurân. »*

Il confirma cela en le fixant et en le précisant d'avantage dans les esprits en disant : *« Ce sont eux les Gens d'Allâh et Ses proches »* ; c'est à dire qu'ainsi rapprochés et choisis, ils sont, pour ainsi dire, devenus Son Elite rapprochée. (Rapporté par Ahmad Ibn Muhammad Ibn Hanbal dans son Musnad, par An Nasâ'î Ahmad Al Khurâsânî et par Al Hâkim Muhammad Ibn 'Abd Allâh, d'après Anas.)

f)L'excellence de la récompense pour ceux qui l'apprennent et pour ceux qui l'enseignent

Selon Ibn 'Omar (qu'Allah l'agrée), le Prophète (ﷺ) a dit: *« La jalousie n'est permise que dans deux choses: - Un homme à qui Allâh a donné d'apprendre le Coran et de passer des heures de la nuit et du jour à le lire et à méditer sur son contenu.- Un homme à qui Allâh a donné une fortune qu'il ne fait que dépenser (dans le bien) de nuit et de jour ».* (Al-Boukhâri, Mouslim)

Le meilleur âge pour apprendre le Coran est la jeunesse : D'après Abû Hurayrah (qu'Allah l'agrée), on a authentiquement rapporté : *« Le Coran appris dans la prime jeunesse se mêle avec la chaire et le sang. S'il est appris à l'âge adulte, qu'il refuse de se laisser assimiler, et qu'on y persévère, l'on en recevra une double rétribution. »*

Selon 'Othmân Ibn 'Affân (qu'Allah l'agrée), le Prophète (ﷺ) a dit : *« Le meilleur d'entre vous est celui qui a appris le Coran et l'a enseigné aux autres ».* (Al-Boukhâri et At-Tirmidhi). Al Muzani a dit : *« j'ai entendu l'imam ash-Shafi'i dire : « celui qui apprend le Coran, sa valeur grandit ».*

Ibn al Hajar el Asqalani (qu'Allah l'agrée) a dit : *« Nul doute que celui qui réunit l'apprentissage du Coran à son enseignement tend à la perfection de lui-même et d'autrui. Il associe un profit personnel et un profit partagé et pour ces raisons, il est le meilleur »* (Fath al Bari)

Abdullâh Ibn Mas`ûd (qu'Allah l'agrée) a dit : *« Certes tout éducateur aime que son éthique soit respectée. Et l'Ethique de Dieu c'est le Coran ».* Ibn Kathir (qu'Allah l'agrée) rapporte que le fait d'apprendre le Coran et de l'enseigner est un signe de piété et du parfait. En étudiant le Coran, le croyant devient parfait en son âme, mais en l'enseignant, il participe à élever une autre âme au niveau du parfait. Ainsi, l'intérêt individuel se voit-il lié à celui collectif, à contre-exemple de ceux qui restent indifférents et/ou qui cherchent à dévoyer les autres.

Ainsi, à titre d'exemple, Abou AbdurRahman Abd'Allâh Ibn Habib As-Sulami (qu'Allah l'agrée) a passé presque 70 ans à enseigner le Coran. Quand on lui demandait la raison de ce long parcours, il évoquait le Hadith : *« Le meilleur parmi vous est celui qui apprend le Coran et l'enseigne » et disait « voilà ce qui m'a retenu à cette place ».* Parmi les gens, les meilleurs sont donc les gens du Coran : ceux qui l'ont appris, enseigné et appliqué.

g) La Paix pour ceux qui l'étudiant

D'après Abu Hurayra (qu'Allah l'agrée), le Prophète (ﷺ) a dit : *« Lorsque des gens se rassemblent dans une demeure consacrée à Dieu pour y réciter son Livre (le Coran) et pour l'étudier ensemble, alors la Paix de la présence divine (en arabe : sakîna) descend sur eux ; la miséricorde les recouvre ; les anges les entourent, et Dieu les mentionne à ceux qui se trouvent auprès de Lui. »*

h) L'ornement de la foi

Selon Abou Mousa Al-Ash'ari (qu'Allah l'agrée), le Prophète (ﷺ) a dit : *« L'image du croyant qui lit le Coran est celle de l'orange : son odeur est suave et sa saveur est suave. L'image du croyant qui ne lit pas le Coran est celle de la datte : elle n'a pas d'odeur et elle est douée. L'image de l'hypocrite qui lit le Coran est celle de la plante aromatique : son odeur est bonne et son goût est amer. L'image de l'hypocrite qui ne lit pas le Coran est celle de la coloquinte : elle n'a pas d'odeur et son goût est amer ».* (Al-Boukhâri, Mouslim).

i) La protection lors des calamités

At-Timidhî a rapporté d'après Al-Hârith Al-A`war selon Alî Ibn Abî Tâlib : « J'ai entendu le Prophète de Dieu, paix et bénédiction de Dieu sur lui, dire : *« Il y aura des discordes aussi noires que la nuit obscure ». Je dis : « comment en être sauvé, ô Messager de Dieu ? ». Il dit : « Le Livre de Dieu, Exalté et Glorifié Soit-Il... »* Il contient les récits de ceux qui vous ont précédés et vous informe de ce qu'il y aura après vous. Il contient le jugement de vos affaires. C'est une Parole Décisive et non point une parole frivole. Quiconque le délaisse par tyrannie, Dieu le brisera et quiconque cherche la guidance en dehors de lui, Dieu l'égarera. C'est la Corde ferme de Dieu. C'est Sa lumière manifeste.

C'est la Sage Rappel. C'est le chemin droit. En le suivant, on ne s'égare point avec les passions et les opinions ne divergent pas avec son jugement. Les savants ne s'en rassasient jamais et les pieux ne s'en lassent jamais. Celui qui en a la connaissance devancera les autres. Celui qui l'applique sera récompensé. Celui qui juge par le Coran sera équitable. Celui qui s'y attache fermement sera guidé vers un chemin droit".

j) La pleine possession de trésors inestimables

Selon Ibn 'Abbâs (qu'Allah l'agrée) , le Prophète d'Allâh (ﷺ) a dit: *« Celui qui n'a rien du Coran en son intérieur est comme une maison en ruine ».* (At-Tirmidhi) *« Le Prophète de DIEU a dit ce hadith qudsiy : « Celui qui se préoccupe de la lecture du Coran et de Ma mention à tel point que cela le détourne de Me demander ce à quoi il aspire, Je lui donnerai la meilleure chose que J'accorde aux demandeurs. »* (At-Thirmidhi).

Le Prophète (ﷺ) a dit :*« Celui qui se rend le matin à la mosquée, et qu'il apprenne ou qu'il lise 2 versets du Livre d'Allah c'est mieux pour lui que 2 chamelles, 3 versets c'est mieux pour lui que trois chamelles, 4 versets c'est mieux que 4 chamelles…»* (Rapporté par Moslem) (sachant que les chamelles étaient le bien le plus précieux de l'époque). Le Prophète (ﷺ) a dit: *« O Abou Dharr ! Sache qu'aller apprendre un verset du Coran est meilleur pour toi que de prier cent rak'a ».* (Ibn Mâja)

L'AUTO-ÉVALUATION
MÉRITES DU CORAN

CHAPITRE II

Se Démarquer, se mettre en valeur

« Tous les mots sont des outils. Ni plus ni moins. Des outils de communication. Comme les voitures. Des outils techniques, des outils utiles. Quelle idée de les adorer comme des dieux ! » Proverbe québécois

« Un mauvais ouvrier a toujours de mauvais outils. » Arthur Miller

SE METTRE EN VALEUR
CURRICULUM VITAE

2. Les Outils de recherche

1. Curriculum vitae

Le curriculum vitae ou CV est un document détaillant le parcours et les compétences acquises d'un individu. Il s'agit en général du parcours scolaire et/ou professionnel qui fait état des compétences d'un candidat pour un poste à pourvoir. Ce document constitue le point de jonction entre l'offre d'emploi et la demande.

Le CV sert uniquement à décrocher un entretien, qu'il soit téléphonique, physique ou par visioconférence. Rien d'autre. Il faut donc mettre en avant les éléments que votre interlocuteur attend et ce sans mentir.

Adaptez toujours votre CV à l'annonce d'emploi. Le recruteur a pris le temps de rédiger une annonce. Ainsi, lui envoyer un CV en lui demandant de deviner les liens entre vos compétences et son annonce est une erreur gravissime. Ne laissez pas le recruteur deviner des choses. C'est juste un humain avec ses préjugés. Pour cela, il faut respecter ces 6 règles et éviter en priorité ces 6 erreurs.

Voici six règles à respecter :

- Votre CV doit donner envie d'être lu,
- Votre CV doit être en accord avec le poste que vous cherchez : mettez en avant les compétences recherchées, les langues, l'expérience ou le savoir-être,
- Votre CV doit être factuel : allez droit au but,
- Votre CV doit permettre au lecteur de comprendre votre parcours : veillez à la cohérence,
- Votre CV doit être bien présenté : la présentation de votre CV en dit long sur vous et votre structure mentale,
- Votre CV ne sert à rien d'autre qu'à déclencher une envie de vous rencontrer : appliquez toutes les précédentes règles pour y arriver avec l'aide d'Allah.

Voici aussi six erreurs à éviter :

- Les fautes (d'orthographe, de syntaxe…),
- Les approximations,
- Les CV de plus d'une page, sauf pour les chercheurs (doctorants),
- Les trous chronologiques pas bien expliqués,
- Pour les commerciaux séniors, le manque de résultats,
- Une photo fantaisiste (si vous décidez d'en mettre une sur votre CV, elle doit être professionnelle, sur un fond uni avec une belle posture et un sourire).

Il est important de créer votre propre CV. C'est un exercice qui vous entraînera à le défendre lors d'un entretien. Je me permets donc d'ajouter une 7e règle : ne laissez personne vous faire votre CV. Voici, de mon point de vue un exemple de CV, qu'il faut toujours adapter à l'offre à laquelle vous prétendez. Votre nom, prénom, adresse et une photo doivent impérativement figurer sur ce document même avec l'ère du numérique. Il faut ensuite vous focaliser sur les 4 prochains blocs de ce document. Je préconise donc de mettre en avant vos compétences en premier.

1. **Bloc 1 Compétences**

Mettez en avant les compétences liées au poste que vous cherchez. En informatique pour un développeur par exemple, mettre en avant les langages, Framworks, les outils de CMS, etc. Puis les langues de travail (par exemple : français, anglais, allemand, arabe…), outils informatiques, etc.

2. **Bloc 2 Expériences**

Mettez en avant les compétences liées au poste que vous cherchez. En informatique pour un développeur par exemple, mettre en avant les langages, Framworks, les outils de CMS, etc. Puis les langues de travail (par exemple : français, anglais, allemand, arabe…), outils informatiques, etc.

Mettez bien en avant votre expérience qui est en lien avec le poste ou qui s'y rapproche. Détaillez les missions dans le juste milieu des choses.

THINK LIKE RECRUITERS

3. **Bloc 3 Formations**

Mettez les diplômes validés pour les personnes diplômées. Pour les étudiants à la recherche d'un stage ou d'une alternance, détaillez les modules de votre formation car bien souvent vous n'avez pas beaucoup d'expériences dans le domaine vos études.

4. **Bloc 4 Loisirs**

C'est important d'avoir des loisirs, un moment évasion, du bénévolat. Il est important ici, surtout pour les jeunes, de mettre en avant les valeurs liées à vos loisirs (sport collectif, sport individuel, vie associative et autres).

Vous pouvez utiliser CANVA et d'autres outils pour concevoir un CV moderne. Faites simplement une recherche sur Google !

Voici quelques exemples de CV à appliquer.

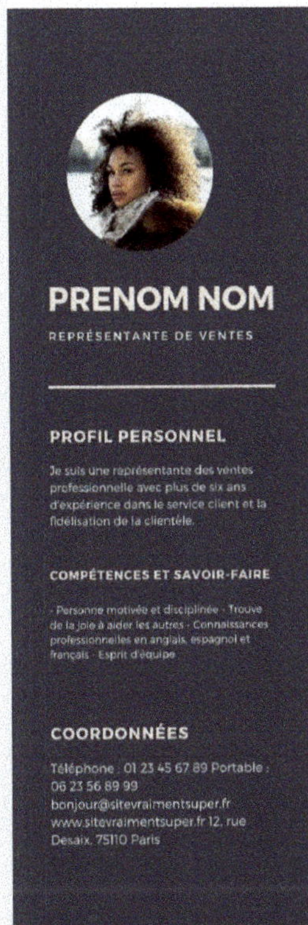

PRENOM NOM

REPRÉSENTANTE DE VENTES

PROFIL PERSONNEL

Je suis une représentante des ventes professionnelle avec plus de six ans d'expérience dans le service client et la fidélisation de la clientèle.

COMPÉTENCES ET SAVOIR-FAIRE

- Personne motivée et disciplinée - Trouve de la joie à aider les autres - Connaissances professionnelles en anglais, espagnol et français - Esprit d'équipe

COORDONNÉES

Téléphone : 01 23 45 67 89 Portable : 06 23 56 89 99 bonjour@sitevraimentsuper.fr www.sitevraimentsuper.fr 12, rue Desaix, 75110 Paris

EXPÉRIENCE PROFESSIONNELLE

Assistante de vente

Jeux Gala (2017 - Aujourd'hui)

- Gère personnellement les problèmes des clients de niveau 3 - Gère les opérations internes pour améliorer la qualité du service - Réalise des audits internes pour le stock en réserve

Représentante de ventes

Services de commerce La Vie (2013 - 2017)

- Surveillance de la satisfaction de la clientèle pour tous les produits et services de l'entreprise - Aide à la résolution de problèmes et à la recherche de solutions aux enjeux existants

ÉDUCATION

Université de Condorcet

Licence en Gestion des affaires, 2013

- Secrétaire, Union des étudiants - Membre, club de marketing - Membre et bénévole, Centre d'aide scolaire - Membre, Équipe de football - Membre, Club de randonnée

Lycée de Saint-Denis

Diplômée en 2009 - Mention 'Bien'

- Vice-Présidente du Conseil des étudiants - Vice-Présidente du club de dessin - Membre de la société asiatique - Membre du modèle de l'ONU - Membre de l'équipe de basket-ball

INTÉRÊTS ET LOISIRS

J'aimerais beaucoup étudier différentes langues. Actuellement, je suis en train d'apprendre à parler le mandarin. J'aime également lire et dessiner.

THINK LIKE RECRUITERS

PRENOM NOM

PROFESSEURE DE LYCÉE

PROFIL PROFESSIONNEL

Je suis une professeure de lycée passionnée par l'éducation grâce à des leçons stimulantes Je cherche une institution ouverte à de nouvelles idées novatrices

RÉCOMPENSES :

- « Employée de l'Année » en 2018 au lycée de Condorcet - Nommée « Nouvelle et digne d'être connue » par le magazine Action-Éducation - Supervision d'une campagne de lutte contre le harcèlement

COORDONNÉES :

Téléphone : 01 23 45 67 89 E-mail :bonjour@sitevraimentsuper.fr Site web :www.sitevraimentsuper.fr Adresse : 12 rue de la Paix, 75110 Paris

COMPÉTENCES

- Capacité à aider les étudiants à améliorer leurs connaissances - Bonnes compétences dans le domaine de la communication - Compétences dans le domaine informatique avec l'utilisation de Microsoft Office Suite et des portails éducatifs en ligne

EXPÉRIENCE PROFESSIONNELLE

Professeure de chimie

Lycée André Gide | mai 2018 - présent

- Développe des plans de leçons - Évalue les résultats et le développement des élèves - Participe aux réunions parents professeurs - Communique activement avec les parents

Professeure de physique

Lycée Saint-Paul | 2017 - Mai 2018

- Fait passer des examens rigoureux - Sert de conseillère pour diverses organisations étudiantes du - Participe aux réunions parents-professeurs

PARCOURS UNIVERSITAIRE

Université d'Aragon

Licence Sciences de l'éducation 2017

- 2013-2017 Mention très bien - Présidente du syndicat étudiant 2017 - Prix de la meilleure thèse intitulée « L'effet de l'empathie »

Lycée Alphonse Daudet

Major de promotion 2013

-- Moyenne de 17/20 - Excellente maîtrise de l'algèbre, la chimie et la physique - Présidente du conseil des délégués pour la vie lycéenne

PRENOM NOM

REPRÉSENTANTE SERVICE CLIENT

PROFIL PERSONNEL

Je suis une représentante du service client expérimentée avec des résultats prouvés de résolution rapide de problèmes complexes et de fidélisation des clients.

QUALITÉS PRINCIPALES

- Résolution des conflits
- Excellentes compétences dans le domaine de la communication
- Résolution des problèmes
- Service et soutien
- Déontologie
- Grande attention aux détails

INFORMATIONS DE CONTACT

Portable : 06 12 34 56 78
Téléphone: 01 23 45 67 89
Courriel: bonjouressitevraimentsuper.fr
Site Web : www.sitevraimentsuper.fr
Adresse : 12 rue Desaix, 75002 Paris

MES RÉFÉRENCES

Bernard Maurin, Télécommunications hexagonales
01 33 44 55 66 bonjouresitevraimentsuper.fr
Renée Poitiers Entreprise Solutions numériques
01 22 77 88 99
bonjouresitevraimentsuper.fr

EXPÉRIENCE PROFESSIONNELLE

Chef de service client

TÉLÉCOMMUNICATIONS HEXAGONALES 2020 - PRÉSENT

- Satisfait en moyenne 300 demandes d'informations par semaine
- Aide l'entreprise à obtenir d'excellents indices de satisfaction du service client
- Forme les nouveaux représentants de service client

Agent de service client

ENTREPRISES SOLUTIONS NUMÉRIQUES 2017-2020

- Adresse les demandes des clients dans un délai convenable
- Obtient un indice de satisfaction des clients de 95 %
- Fournit des informations pertinentes pour améliorer la procédure interne

FORMATION PROFESSIONNELLE

Université Beaudoin

LICENCE ADMINISTRATION ET GESTION DES ENTREPRISES

- Moyenne de 16/20 - Félicitations du jury
- Éditrice du journal de l'université
- Membre de l'équipe de natation pendant 3 ans

Lycée Marie Curie

BACCALAURÉAT 2012

- Moyenne générale de 18/20
- Capitaine de l'équipe de natation
- Journaliste au Journal du lycée
- Responsable de la mise en page de la page Facebook du lycée

THINK LIKE RECRUITERS

PERSONAL PROFILE

Je suis une étudiante motivée avec des solides compétences en modélisation, extraction et analyse des données. Je souhaite augmenter mes compétences et mon expérience à l'aide d'un stage dans votre entreprise

CONTACT

512 Moore Street, Indigo Valley, San Diego, California

timstuart@gmail.com

872-871-9271

/timstuart

EDUCATION

San Diego University
Bachelor in Marketing, 2018

COMPÉTENCES :

- Récolte, nettoyage et traitement des données Prise de synthèse
- Suite Office Microsoft Niveau avancé :
- Initiation à : R SAS SQL Python Qlik, Tableau, Pajek, Gephi, SPSS, Sphynx et Web scrapping.
- Langues : Anglais B2.

WORK EXPERIENCE

Randelo & Co., Marketing Assistant
JUN 2019 - JAN 2020

- Maintained and organized numerous office files
- Constantly updated the company's contact and mailing lists
- Monitored ongoing marketing campaigns
- Monitored press coverage

World Mark, Marketing Assistant
JUN 2018 - JUN 2019

- Handled the company's online presence - regularly updated the company's website and various social media accounts
- Monitored ongoing marketing campaigns
- Prepared presentations for prospective clients

2. Profil LinkedIn

Il constitue un outil très important dans votre recherche d'emploi. Il est quasi incontournable aujourd'hui. Voici 6 étapes pour créer un profil LinkedIn attractif.

1. La photo de couverture

La photo de couverture LinkedIn est un excellent moyen de vous mettre en valeur et de faire une bonne première impression. Lors de la conception de la bannière, choisissez un fichier JPEG, PNG ou GIF dont la taille est inférieure à 4MB. Vous pouvez utiliser CANVA pour concevoir une bannière avec un message accrocheur. Veillez à laisser de l'espace au bas de l'image, car la partie supérieure de votre profil a tendance à la couper.

2. La photo de profil

Votre profil LinkedIn est une manière de vous présenter à vos prospects ou futurs collaborateurs. Les gens sont plus rassurés lorsqu'ils peuvent mettre un visage sur les noms des personnes avec lesquelles ils font affaire.Votre photo doit être à jour, claire, professionnelle et de préférence afficher un sourire. Si le costume 3 pièces n'est pas votre genre, vous n'êtes absolument pas obligé d'en arborer un sur la photo. Soyez juste présentable : un polo ou un t-shirt uni conviendront parfaitement.

3. Un titre simple et percutant

Le titre d'un article de journal doit être accrocheur et susciter la curiosité pour vous donner envie de lire la suite. C'est pareil pour le titre de votre profil LinkedIn. Il doit impérativement refléter ce que vous faites, recherchez et qui vous êtes. Votre but est d'attirer l'attention afin de rendre les recruteurs curieux d'en savoir plus sur vous.

4. Rédiger un résumé

Le résumé est la section la plus importante de votre profil. Dès qu'un internaute est attiré par votre en-tête et votre titre, c'est vers cette partie qu'il se dirige pour en savoir plus sur vous. À cette étape, l'essentiel est d'inspirer confiance. Permettez aux internautes de mieux vous connaître en partageant avec eux votre histoire. Présentez votre parcours, vos réalisations et vos aspirations.

5. Lister vos compétences

Vous pouvez afficher jusqu'à 50 compétences, mais contentez-vous de 3, maximum 5. Soyez un spécialiste. Vous connaissez sûrement l'adage qui dit « bon en tout bon à rien ». Énumérer trop de compétences ne joue donc pas en votre faveur. Présentez uniquement vos principales compétences, celles dont les recruteurs ont le plus besoin et surtout, celles qui vous permettent de vous démarquer des autres profils.

6. Les recommandations sur LinkedIn

N'hésitez pas à demander à vos professeurs, formateurs, anciens patrons et anciens collègues de vous rédiger une recommandation sur votre profil LinkedIn. C'est aussi un bon moyen de se démarquer. L'objectif final est d'attirer l'attention sur votre profil pour déclencher le processus de votre recrutement. Ne soyez donc pas gêné de demander une petite recommandation.

7. Les Applications mobiles incontournables

WhatsApp	Signal
Twitter,	ClubHouse
Pages Facebook	LinkedIn Jobs

2.2.8. *Sites internet incontournables à connaître à l'International*

Afrique de l'Ouest

Mauritanie

www.marahbajob

www.emploimauritanie.com

www.rimtic.com

www.africsearch.com

www.expat.com/fr

LinkedIn jobs

Sénégal

www.senjob.com

www.emploidakar.com

www.expat-dakar.com

www.africsearch.com

www.expat.com

https://neuvoo.com/

https://orange.jobs/site/fr-home/

LinkedIn jobs

Côte d'Ivoire

https://orange.jobs/site/fr-home/

www.africsearch.com/ index/

www.expat.com/fr/

https://neuvoo.com/

LinkedIn jobs

Nord Amérique / USA

USA

www.talberthouse.org/#

www.indeed.com/q-

www.monster.com/

LinkedIn jobs

Canada

www.monster.com/

https://emplois.ca.indeed.com/

LinkedIn jobs

Europe

Suisse

www.jobup.ch

https://ch.indeed.com/

www.meteojob.com

www.monster.ch

www.jobwatch.ch/fr/ (pour ceux qui cherchent dans le monde horloger)

www.travailler-en-suisse.ch/emploi-suisse/ salaire-suisse

www.jobs.ch/fr/salaire

www.salairesuisse.ch/fr/salaires/

www.ca-frontaliers.com/vivre-en-suisse/ salaires-en-suisse/

LinkedIn jobs

France

www.pole-emploi.fr

www.cadremploi.fr

www.indeed.com/Emplois- Job-France

www.monster.fr/www.regionsjob.com

www.keljob.com/

www.cornerjob.com/fr/ emploi

https://fr.jooble.org

www.jobteaser.com/fr

www.meteojob.com/

Grande-Bretagne

https://uk.indeed.com/

www.reed.co.uk/

www.cv-library.co.uk/

www.totaljobs.com/

LinkedIn jobs

Belgique

www.leforem.be

www.actiris.brussels/fr

www.vdab.be/

www.ictjob.be/fr/

www.stepstone.be/

www.monster.be/en/

LinkedIn jobs

Luxembourg

https://adem.public.lu/fr.html

https://www.monster.lu/

https://en.jobs.lu/

https://www.moovijob.com/

https://paperjam.lu/

LinkedIn jobs

Autres

Asie

www.monster.com/

www.indeed.com/

LinkedIn jobs

2.3. Développer son Réseau

66% des cadres pensent que le réseau professionnel est indispensable pour réussir sa carrière. Nous pensons que c'est Allah qui donne la réussite ici-bas et dans l'au-delà. Allah nous a demandé d'agir par les causes et une des causes est le réseau.

« En vérité, Allah ne modifie point l'état d'un peuple, tant qu'ils ne modifient pas ce qui est en eux-mêmes. » Sourate Ar-ra'd, V. 11.

Le réseau est très bénéfique pour aider à démarrer une carrière ou la réussir. Cependant, quel réseau utiliser ? Réseau pour réseau, ce n'est pas important. Je préconise de prendre le modèle des femmes cadres. Les femmes cadres ne collectionnent pas les contacts comme peuvent le faire les hommes et comptent beaucoup plus sur la proximité dans la construction de leur réseau. Le résultat est que leur réseau est davantage un soutien qu'un atout carrière.

L'Homme est social par sa nature, il vit en société et en groupe. La vie solitaire lui est difficile parce qu'il est dépendant et faible, **Allah dit :** ***« Allah veut vous alléger (les obligations,) car l'homme a été créé faible. »*** **Sourate Les femmes, V. 28**

Pour remédier à cette faiblesse, l'islam a établi le principe de la coopération, de la solidarité et de la participation (réseau). **Allah dit dans le Coran :** ***« Entraidez-vous dans l'accomplissement des bonnes œuvres et de la piété et ne vous entraidez pas dans le péché et la transgression. »*** **Sourate La Table, V. 2.** Ainsi, le Prophète (ﷺ) a décrit la société musulmane solidaire et coopérative comme un seul corps, en disant : *« Tu vois les croyants dans leur amour, leur affection, et dans leur miséricorde qu'ils se portent, comparables à un seul corps. Lorsqu'un membre est affecté, c'est l'ensemble du corps qui ressent la douleur et s'enfièvre. »* Bukhari & Muslim. Il est comme un seul édifice solide :*« Les croyants entre eux sont tels un édifice dont les éléments se consolident les uns les autres. »* Muslim.

Ainsi, l'Islam nous a invités à la participation positive sans chercher de profit personnel ni d'intérêt, **Allah dit : « (disant) :** ***« C'est pour le visage d'Allah que nous vous nourrissons : nous ne voulons de vous ni récompense ni gratitude. »*** **Sourate L'Homme, V. 9.** Cessons d'être individualistes et essayons de nous entraider pour mieux réussir sur terre et dans l'au-delà.

Le réseau commence par le cercle familial. Votre famille est un atout et l'oublier est une erreur fatale. Avant d'aller chercher de l'aide à l'extérieur, demandons d'abord aux membres de notre famille. Ils peuvent résoudre notre problème ou élargir notre réseau avec leurs contacts. Après la famille, les amis, les amis des amis et après les anciens collègues.

« La famille c'est une richesse incroyable, ça donne des outils pour pouvoir affronter les moments extraordinaires, les moments plus difficiles, les hauts, les bas. »
Thomas Woodrow Wilson

Ne restez pas seul de votre côté dans cette aventure de recherche d'emploi : ***« Une seule main n'applaudit pas. »***
Proverbe Maure

Après avoir appliqué toutes ou une partie des recommandations précédentes, vous devez mettre en place une stratégie de postulation.

SE METTRE EN VALEUR
VOTRE RÉSEAU

CHAPITRE III

Réfléchir à sa candidature comme un recruteur professionnel

« Changez vos stratégies et tactiques, mais jamais vos principes. » René Char

VOTRE CANDIDATURE
POSTULATION

3.1. Stratégie de recherche et de postulation

Avant toutes choses, il convient de prendre un moment pour réfléchir à une bonne stratégie pour cette phase délicate. La recherche d'emploi est un emploi à plein temps. Comme toute profession, si l'on n'est pas organisé, on ne peut être productif et résister sur la durée.

3.1.1. Postulation

Tout d'abord, créez-vous un fichier Excel ou un tableau de suivi. Sur ce fichier, il doit y figurer :

- La dénomination du poste,
- Les coordonnées de la société ou du responsable du post,
- La date de la postulation,
- La date de relance,
- La réponse (positive ou négative).

Il est important de suivre de prêt vos postulations. Il vous est peut-être déjà arrivé de recevoir un appel d'un recruteur et ne pas vous rappeler avoir postulé. Cela dénote malheureusement un manque de professionnalisme et de rigueur.

Règle d'OR pour votre recherche d'emploi

Adaptez systématiquement votre CV et la lettre de motivation à l'annonce qui vous intéresse. Le responsable de cette annonce a pris le temps de l'écrire alors respectez-le en proposant un CV en adéquation sans mentir. Fixez-vous des plages horaires dans la semaine pour vos postulations d'une façon efficace, par exemple 3 ou 4 h par jour.

Dans ces 3 h, vous :

1. Scrutez les sites d'emploi, LinkedIn et autres sources,
2. Prenez le temps de lire l'offre sereinement,
3. Adaptez votre CV,
4. Faites le suivi sur votre tableau ou fichier,
5. Relancez concernant vos postulations antérieures.

Il vous reste 20 h ou 21h dans la journée. Beaucoup de gens ne tirent aucun profit de leur temps libre, comme a dit le Prophète (ﷺ) : *« Il y a deux bienfaits dont beaucoup de gens ne savent pas tirer profit : la santé et le temps libre. »* (Boukhari)

Ibn al-Battâl (qu'Allah l'agrée) expliqua : *« Ce hadith signifie que l'homme n'a de temps libre que s'il a de quoi vivre et est en bonne santé. Quiconque jouit de ces deux bienfaits ne doit pas agir avec stupidité et doit rendre grâce à Allah, exalté soit-Il, en obtempérant à Ses ordres et en s'abstenant de commettre Ses interdits. Quiconque agit autrement est perdant. Et « beaucoup de gens » signifie que peu de gens réussissent à tirer profit de ces deux bienfaits. »*

Ibn al-Djawzî (qu'Allah l'agrée) souligna : *« L'homme peut être en bonne santé, mais n'avoir aucun temps libre, du fait qu'il est complètement occupé à gagner son pain. Il peut avoir un temps libre, mais ne pas jouir d'une bonne santé. Voilà pourquoi un homme qui possède la santé et un temps libre, mais qui fait pourtant preuve de négligence à l'égard de l'obéissance à Allah, exalté soit-Il, est perdant. Car le bas monde est la source dont on tire les provisions pour l'au-delà, et le négoce qui donne ses fruits au Jour dernier. Celui qui emploie son temps libre et sa santé dans l'obéissance à Allah, exalté soit-Il, est une personne favorisée, alors que celui qui les utilise pour désobéir à Allah, exalté soit-Il, est une personne défavorisée, puisque le temps libre est suivi par l'occupation, et la santé par la maladie. »*

En somme, si l'Homme n'emploie pas son temps libre dans l'accomplissement d'actions utiles, il lui viendra des idées et des pensées qui mènent aux mauvais désirs et aux péchés, qu'Allah nous en préserve. Je vous conseille donc de mettre en place un plan pour ne pas perdre votre temps si précieux durant votre période de chômage.

Voici quelques suggestions pour profiter de votre temps libre :

- Apprendre à lire et réciter le Coran,
- Prier à l'heure à la mosquée,
- Faire ces invocations du matin et du soir,
- Lire un livre en rapport avec votre métier,
- Faire une formation en ligne pour monter en compétences sur certaines techniques ou outils.

Mais aussi :

- S'occuper de son lieu d'habitat (faire le ménage, la cuisine, ranger les dossiers),
- Prendre soin de sa femme ou de son mari pour les mariés(e)s (petit déjeuner au lit, conversation, et autres moments de plaisir partagé),
- Passer du temps avec ses enfants et prendre un moment pour eux, un vrai moment sans téléphone, télé et autres nuisances sonores,
- Faire du sport pour s'aérer l'esprit.

Profitez de ce temps pour, en premier lieu, bien dormir c'est très important, mais pas trop non plus. Ne soyez pas empreint de honte et épargnez-vous. Vous avez besoin de toutes vos forces pour traverser cette épreuve, car oui c'est une épreuve.

« Alif, Lam, Mim. Est-ce que les gens pensent qu'on les laissera dire : « Nous croyons ! » sans les éprouver ? Certes, Nous avons éprouvé ceux qui ont vécu avant eux ; [Ainsi] Allah connaît ceux qui disent la vérité et ceux qui mentent. »

Sourate 29 L'araignée, V.1-3

Soyez solidaires dans cette épreuve avec vos femmes, maris, fils, frères, sœurs, tantes, oncles, mamans et papas. Nous voyons parfois des couples se déchirer durant cette période de chômage. Cessez donc ces conflits, ils ne mènent à rien.`

Allah dit dans le Coran : *« Entraidez-vous dans l'accomplissement des bonnes œuvres et de la piété et ne vous entraidez pas dans le péché et la transgression. »*

Sourate La Table, V. 2

Vous décrochez un entretien ? Que faire ? Je vais tenter de vous faire un retour, en tant que recruteur, sur le déroulement d'un entretien.

3.2. L'Entretien téléphonique

L'entretien téléphonique se résume en 7 points pour mieux le réussir. Nous avons :

- Adapter son comportement verbal à la personne qui vous appelle
- Sourire au téléphone
- Faire des phrases simples (sujet, verbe et complément)
- Être attentif à la personne qui vous parle
- Maîtriser vos réactions au téléphone
- Ne jamais interrompre votre interlocuteur
- Prendre des notes

Vous pouvez flasher le QR code pour voir et écouter mon intervention sur ma chaine YouTube *« ThinkLikeRecruiters » :*

3.3. L'Entretien physique

C'est la rencontre entre deux professionnels ou d'un professionnel et un professionnel en devenir. C'est un rapport d'égal à égal. (win/win). Il constitue une des étapes les plus importantes dans le processus de sélection des futurs collaborateurs dans une structure privée. Dans le public bien souvent, ce processus n'est pas mis en place ou n'a pas une place importante.

1. Avant l'entretien, c'est déjà l'entretien (appel, courriel, lieu, transport et autres)

Oui, à partir du moment où vous recevez le premier appel en passant par le courriel de confirmation de votre entretien, votre arrivée sur les lieux de l'entretien, jusqu'à la poignée de main avec la personne qui vous accueille, et toutes les personnes que vous allez rencontrer en ce lieu, vous êtes en entretien.

C'est le moment de bien noter les informations importantes concernant le lieu, l'heure du RDV et les personnes que vous rencontrerez. Ces informations sont capitales. Elles vous permettront de savoir quel moyen de locomotion utiliser pour être à l'heure au RDV par exemple. Allez voir sur LinkedIn pour avoir un aperçu des profils des personnes qui vous recevront, allez sur leur site web ou les réseaux sociaux pour glaner quelques informations à propos de l'entreprise pour en savoir un plus sur son organisation et ses valeurs. Le courriel de confirmation a le même rôle.

2. Moyen de locomotion

Ce point est important et en lien avec la ponctualité, que l'on va évoquer dans quelques lignes. Savoir s'il y a un parking aux alentours du lieu de RDV, un métro accessible, un bus pour y accéder. Tous ces informations contribuent à un entretien réussi.

3. Se renseigner sur vos futurs interlocuteurs

Oui, c'est important d'aller faire un tour sur le profil LinkedIn de votre futur interlocuteur ou de vos futurs interlocuteurs. Cette personne a eu le temps de lire votre CV, d'aller consulter votre profil et de vous téléphoner pour vous poser des questions. Psychologiquement, cette personne a un peu le dessus sur vous. Donc pour essayer de rééquilibrer ce rapport de force, vous devez aller chercher des informations sur cette ou ces personnes. Consulter leurs profil LinkedIn est le minimum.

4. Site web & Réseaux sociaux

La moindre des choses est d'avoir le minimum d'informations sur la société car la question se posera à un moment ou un autre. Que ce soit pour une société de service, un cabinet de recrutement ou une société finale cette question (Que savez-vous de notre entreprise ?) arrivera dans le processus de recrutement. Pensez à utiliser les réseaux sociaux pour vous renseigner sur la société où vous voulez travailler, c'est capital. Cela vous permet d'avoir des informations sur le mindset (mentalité) de la boîte, la tenue vestimentaire de vos futurs collaborateurs. Ces dernières informations sont importantes pour adapter votre tenue le jour de l'entretien et votre personnalité que l'on a abordé plus haut.

5. Tenue vestimentaire pour entretien

Portez une tenue dans laquelle vous êtes à l'aise. Ne paraissez pas non plus trop relaxe ou au contraire trop apprêté. La première impression est souvent la plus forte, donc quoi de mieux que d'être classe. Il faut vous adapter à l'image de l'entreprise. Ici, vous comprenez l'importance d'être allé sur leur site web, page d'entreprise.

6. La ponctualité

Elle est essentielle. N'hésitez pas à repérer les lieux avant l'entretien. Préparez votre itinéraire et le temps qu'il vous faudra, ceci pour arriver entre 5 à 10 minutes avant l'heure de votre rendez-vous, comme évoqué plus haut.

7. L'arrivée sur les lieux du RDV

Dès l'arrivée sur le lieu de RDV, vous êtes en entretien. Tous vos faits et gestes sont en effet scrutés par les occupants de ce lieu. Ne négligez personne et soyez juste une personne correcte. Dire « bonjour » de façon claire en arborant un sourire peut faire beaucoup de bien autour de soi et donner une bonne image. Annoncez-vous à l'accueil. Le respect et la considération sont les maîtres-mots. Le bon comportement (que l'on va traiter plus bas) s'applique à fortiori et d'ores et déjà. N'oubliez pas que l'interviewer qui vient vous chercher à l'accueil parle avec ces collègues. Alors sans être parano, comportez-vous correctement.

4. L'Attitude lors d'un Entretien

1. Attitude

Le recruteur a étudié votre CV. Il connaît votre parcours académique, votre parcours professionnel et a un aperçu des missions que vous y avez effectuées. Vous êtes donc vous, en tant que personne, l'équation à résoudre.

Dans un processus de recrutement, vous êtes avant tout jugé sur votre attitude. Il ne s'agit pas seulement de votre tenue vestimentaire ou de votre gestuelle, mais aussi de votre manière de vous exprimer et de votre savoir-être.

Selon les professionnels du conseil en image, un candidat est jugé à plus de 50 % sur son apparence lors d'un entretien d'embauche, et à moins de 10 % sur ses propos.

2. Le bon comportement

Hadith : « D'après Oussama Ibn Charik (qu'Allah l'agrée), nous étions assis avec le Prophète ﷺ comme s'il y avait des oiseaux au- dessus de nos têtes, personne parmi nous ne parlait. Alors sont venus des gens qui ont dit *: « Quelle est la meilleure chose qui est donnée à une personne ?" Le Prophète ﷺ a dit : "Un bon comportement." »* (Rapporté par Al Hakim et authentifié par Cheikh Albani dans Sahih Targhib n°2652)

Être souriant, ouvert, dynamique et poli. Voilà l'arsenal pour faire une bonne impression auprès de l'interviewer.

Ce dernier doit pouvoir vous imaginer dans le cadre du travail. Une personne agréable sera bien sûr toujours plus appréciée qu'une personne renfermée ou sans tonus. Le langage corporel sera interprété par l'interviewer : vos expressions, votre port de tête et votre gestuelle. Pensez-y, sans être figé pour autant. Souriez, montrez que vous êtes content d'être ici.

3. Projection sur le poste

Exprimez-vous clairement et montrez votre motivation. Entrainez-vous à l'oral, listez vos qualités et vos défauts. Montrez vos connaissances à propos de l'entreprise et du poste. Vous êtes avant tout un professionnel dans votre domaine ou un professionnel en devenir. Il est important de vous exprimer en ayant toujours l'entreprise et le poste en ligne de mire.

4. L'après Entretien

Vous êtes toujours dans le processus jusqu'à l'annonce de la décision finale de l'interviewer. Après l'entretien, continuez à montrer à l'interviewer que vous êtes le candidat idéal, celui qu'il faut pour ce poste. Demandez avant de sortir de la pièce, la suite de cet entretien (autres entretiens, test, jour de décision, etc.). Alors, selon le délai qu'il vous aura donné, envoyer un courriel une semaine plus tard pour avoir des nouvelles de la conclusion de votre entretien.

5. L'échange entre Professionnels

1. *Passes Décisives*

Au basketball, lorsque le destinataire d'une passe marque un panier sans dribbler plus de deux fois ou garde la balle plus de quatre secondes, on parle de passe décisive. Les meilleurs passeurs disposent d'une excellente vision de jeu et d'un bon maniement de balle. Les plus prolifiques sont, le plus souvent, des meneurs : Allen Iverson, Jason Williams, Chris Paul, Steven Curry, Tony Parker, Kyrie Irving…

L'entretien doit être un dialogue entre deux professionnels. Il faut donc installer un rapport équilibré et non un interrogatoire à la série policière. Pour ce faire le candidat doit être préparer et commencer à réfléchir comme l'interviewer ***« THINKLIKE RECRUITERS ».***

Voici une série de questions fréquentes lors des entretiens et l'attente qu'a l'interviewer derrière ses questions. Ce n'est pas une science exacte. Ce sont des passes décisives. Elles sont au nombre de 23, pour rendre hommage au meilleur joueur de basket de tous les temps, j'ai nommé Michael Jordan *« THE GOAT ».*

- **Passe 1 : Qu'attendez-vous de notre entretien ?**

L'interviewer attend de vous que vous listiez les points que vous souhaitez aborder avec lui ou elle. Montrez-lui que vous êtes là pour vérifier avec lui ou elle l'adéquation entre votre profil et les attentes du poste.

- **Passe 2 : Pouvez-vous vous présenter rapidement ?**

L'interviewer attend de vous que vous donniez une réponse claire, ni trop longue, ni trop courte, entre 3 à 4 minutes. Il faudra alors :

- Bien mettre en avant les raisons pour lesquelles vous êtes devant eux.
-Avoir une présentation qui colle au poste. Toujours finir votre présentation en s'assurant que votre interlocuteur ait bien compris votre présentation.
- Être prêt à apporter des infos complémentaires.

- **Passe 3 : Qu'est-ce qui vous a donné envie de faire ce métier ?**

L'interviewer attend que vous lui montriez votre envie de faire ce métier. Cela nécessite donc une présentation passionnée de votre métier. Soyez clair dans votre présentation.

- **Passe 4 : Pouvez-vous m'expliquer votre métier de façon simple ?**

L'interviewer attend une explication claire, qu'un novice peut comprendre, car naturellement, si on maîtrise son métier on en transmet les valeurs facilement. Il s'agit là d'un exercice de vulgarisation de votre métier.

- **Passe 5 : Pourquoi souhaitez-vous quitter votre poste actuel ?**

L'interviewer attend que vous lui donniez une explication claire avec des exemples concrets. Il faut toujours être positif en faisant des parallèles avec le poste que vous recherchez. Il faut de la cohérence dans votre évolution professionnelle. Ne dénigrez surtout pas votre ancien employeur. Donc très important ici d'avoir fait au préalable des recherches sur l'entreprise.

- **Passe 6 : Qu'aimez-vous faire quand vous ne travaillez pas ?**

L'interviewer cherche à connaître vos passe-temps. Nos passe-temps en disent long sur nous. Parlez de votre activité avec passion. Essayez de mettre en surface les qualités et bénéfices de votre passe-temps sur votre métier ou travail (sport d'équipe, vie associative, sport d'endurance, lecture et autres activités). Il ne faut pas non plus donner l'impression à votre interlocuteur que votre passe-temps déborde sur votre temps de travail.

- **Passe 7 : Comment voyez-vous votre premier jour ?**

L'interviewer attend que vous vous projetiez au sein de l'entreprise. Il cherche à voir si vous avez bien compris votre rôle (les attentes, l'environnement de travail, les outils, missions et autres). Ne pas pouvoir répondre à cette question de façon concrète peut faire douter l'interviewer de votre propre compréhension du poste.

- **Passe 8 : Qu'est-ce que vous pouvez nous apporter ?**

L'interviewer attend que vous lui montriez que vos compétences sont alignées avec les attentes de la société sur le poste que vous recherchez. Montrez vos atouts pour ce poste (cela fait la différence).
Ne récitez pas les compétences qui sont sur votre CV sans contexte.
Sachez faire des ponts entre vos compétences et les attentes de la société.

- **Passe 9 : Quel est votre niveau d'anglais ?**

Ce que l'interviewer attend ici est une réponse simple. Sois-vous parlez anglais et vous répondez en donnant votre niveau selon le cadre européen pour les langues, et de préférence en anglais. Soit, l'anglais est une option pour le poste, rassurez donc le recruteur sur votre capacité à monter en compétences rapidement (il vous manque de la pratique et un écosystème favorable). Ne mentez jamais concernant ce sujet. L'anglais est une langue rien d'autre. Vous êtes tous en mesure de l'apprendre.

- **Passe 10 : Quel salaire ciblez-vous ?**

L'interviewer attend que vous lui donniez un montant cohérent avec votre expérience et l'état du marché de l'emploi. Faites des recherches avant votre entretien et soyez à l'aise en parlant salaire.
Ne venez pas en entretien sans avoir d'idée du salaire en acceptant tout
pourvu d'avoir le poste. Ne soyez pas non plus dans l'exagération du montant.

- **Passe 11 : Pourquoi souhaitez-vous travailler pour notre entreprise ?**

L'interviewer veut savoir ce que vous connaissez de leur entreprise. Il attend une réponse avec exemples, détermination et enthousiasme. Votre réponse déterminera votre rigueur dans votre quête d'information sur l'entreprise, ou au contraire vous desservira. Sachez faire des parallèles entre votre expérience et cette entreprise afin de vous positionner comme le candidat idéal. Ne pas pouvoir répondre à cette question de façon concrète peut faire douter l'interviewer de votre propre compréhension du poste.

- **Passe 8 : Qu'est-ce que vous pouvez nous apporter ?**

L'interviewer attend que vous lui montriez que vos compétences sont alignées avec les attentes de la société sur le poste que vous recherchez. Montrez vos atouts pour ce poste (cela fait la différence).
Ne récitez pas les compétences qui sont sur votre CV sans contexte.
Sachez faire des ponts entre vos compétences et les attentes de la société.

- **Passe 9 : Quel est votre niveau d'anglais ?**

Ce que l'interviewer attend ici est une réponse simple. Sois-vous parlez anglais et vous répondez en donnant votre niveau selon le cadre européen pour les langues, et de préférence en anglais. Soit, l'anglais est une option pour le poste, rassurez donc le recruteur sur votre capacité à monter en compétences rapidement (il vous manque de la pratique et un écosystème favorable). Ne mentez jamais concernant ce sujet. L'anglais est une langue rien d'autre. Vous êtes tous en mesure de l'apprendre.

- **Passe 10 : Quel salaire ciblez-vous ?**

L'interviewer attend que vous lui donniez un montant cohérent avec votre expérience et l'état du marché de l'emploi. Faites des recherches avant votre entretien et soyez à l'aise en parlant salaire.
Ne venez pas en entretien sans avoir d'idée du salaire en acceptant tout pourvu d'avoir le poste. Ne soyez pas non plus dans l'exagération du montant.

- **Passe 11 : Pourquoi souhaitez-vous travailler pour notre entreprise ?**

L'interviewer veut savoir ce que vous connaissez de leur entreprise. Il attend une réponse avec exemples, détermination et enthousiasme. Votre réponse déterminera votre rigueur dans votre quête d'information sur l'entreprise, ou au contraire vous desservira. Sachez faire des parallèles entre votre expérience et cette entreprise afin de vous positionner comme le candidat idéal.

- **Passe 12 : Quels sont vos sentiments actuels concernant votre évolution professionnelle ?**

L'interviewer cherche à jauger la qualité de votre expérience et votre estime de vous-même. Soyez positif dans votre réponse. Ne donnez pas l'impression que vous n'avez plus rien à donner. Il faut lui faire comprendre que le poste que vous solliciter dans leur société est l'évolution que vous souhaitez.

- **Passe 13 : Pourquoi avez-vous souvent changé d'emploi ?**

L'interviewer attend que vous puissiez expliquer clairement vos changements de poste. Il faut transformer ce qui est à première vue un chose négative en quelque chose de positif. Ces changements vous ont par exemple permis de développer des compétences. Ils ne sont pas dus à vos performances médiocres. L'interviewer a été jeune lui aussi, votre manque de stabilité peut justement être due à votre jeunesse. Rassurez- le en parlant de votre situation stable actuelle et du fait que vous soyez responsable aujourd'hui.

- **Passe 14 : Quel est votre style de management ?**

Si vous cherchez un poste de manager, il est important de mettre en avant les qualités d'un vrai manager. Par exemple :

- Être capable de déléguer
- Fixer des objectifs
- Suivre les réalisations
- Encourager les équipes.

Profitez de cette question pour donner un exemple concret de votre management.

- **Passe 15 : Que savez-vous de notre entreprise ?**

L'interviewer attend quelques chiffres clés sur l'entreprise, idéalement récents. La création de cette entreprise, les fondateurs, l'image de la boîte. Allez voir sur leur site internet, leur page LinkedIn.

- **Passe 16 : Préférez-vous travailler seul ou en équipe ?**

L'interviewer attend une réponse qui correspond au contexte du poste que vous cherchez. Il faut donc bien comprendre et avoir en tête l'étendue des missions du poste. Il n'y a pas de bonne ou de mauvaise réponse mais une réponse de circonstance ici. La combinaison des deux est une bonne chose (travailler seul et en équipe).

- **Passe 17 : Comment réagiriez-vous si je vous disais que votre travail est médiocre ?**

L'interviewer cherche à connaître votre capacité à réfléchir à la question. Ne vous emportez pas et ne soyez surtout pas sur la défensive. Dites-lui que vous chercherez tout d'abord à savoir d'où vient le problème. S'il y a eu un problème de communication, vous essayeriez de clarifier votre point de vue.

- **Passe 18 : Seriez-vous prêt à déménager pour aller travailler ailleurs ?**

Avant de répondre à cette question. Il est important de comprendre le contexte du marché de l'emploi actuel. Est-ce que pour exercer ce métier que vous aimez, il faut partir ailleurs ? Si oui, alors l'interviewer attend une réponse ferme.

- **Passe 19 : Que pensez-vous de votre précédent employeur ?**

L'interviewer cherche a savoir quel genre de porte-parole vous êtes. Alors ne soyez pas dans le jugement personnel. Soyez factuel, professionnel et faites un parallèle avec l'entreprise que vous convoitez.

- **Passe 20 : Donnez-moi un exemple de votre sens de l'organisation ?**

L'interviewer attend une ou des réponses concrètes, illustrée avec des exemples parlants.

- **Passe 21 : Comment motivez-vous votre équipe ?**

Comme pour la passe 20, l'interviewer attend du concret. Il faut en tant que personne aspirant à un poste de manager, avoir au préalable réfléchi à ces questions avant l'entretien. C'est une mini mise en situation.

- **Passe 22 : Si vous avez plusieurs propositions, comment choisirez-vous ?**

Il faut, avant d'arriver en entretien, avoir réfléchi à cette question. N'oubliez pas vos valeurs et aspirations. Est-ce que ce poste répond à vos attentes ? Si oui, l'interviewer sera content d'entendre que vous privilégierez le poste qu'il vous propose.

Il serait rassuré aussi si vous aviez une liste de critères, en donnant des exemples précis de vos choix.

- **Passe 23 : Sur quoi pensez-vous devoir progresser ?**

Il faut s'inscrire dans une démarche montrant que vous pouvez monter en compétences en permanence et progresser de manière générale. Vos expériences précédentes ont certainement mis en exergue certains points de progression. L'interviewer cherche à voir si vous êtes une personne qui est en progression constante ou bien quelqu'un qui stagne (qui ne fait pas d'introspection).

Il faut pour cela connaître certains de vos points faibles (2 ou 3 maximum) et montrer que vous avez mis en place des actions pour y remédier. Aussi, précisez que ces défauts n'altèrent pas la qualité de votre travail et surtout qu'ils ne remettent pas en question votre capacité à assumer le poste auquel vous prétendez.

CHAPITRE IV

Dédicace à mes sœurs

DÉDICACE
MES SOEURS

4.1. Ce voile que vous portez avec fierté ne voilera pas votre intelligence

Vous êtes brillantes, intelligentes et surtout des professionnelles.

Je ne pouvais pas écrire ce livre dédié aux personnes à la recherche d'un emploi, sans vous consacrer un passage privilégié. Vous êtes l'objet de tous les fantasmes, spéculations et préjugés sur le marché du travail européen en général. Vous êtes discriminées et vous serez discriminées malheureusement. Cependant, est-ce que cela mérite que vous mettiez de côté toutes ces années d'études, vos aspirations, vos rêves, pour le comportement d'une poignée de personnes frustrées ?

Vous avez le devoir de lutter pour obtenir ce qui vous est dû de droit mes sœurs. Vous avez une responsabilité, celle de ne pas baisser le bras. C'est normal, avec ce matraquage médiatique, d'avoir des peurs, des envies de baisser les bras. Cependant, vous n'êtes pas n'importe qui mes sœurs. Vous avez le devoir de tenir et de lever la tête haute.

Allah a en outre rendu un vibrant hommage aux personnes dotées de science en ces termes :

« Dis : « Sont-ils égaux, ceux qui savent et ceux qui ne savent pas ?" Seuls les doués d'intelligence se rappellent. »

Sourate Az- Zoumar, V. 9.

DÉDICACE
MES SOEURS

Les détenteurs du savoir sont ceux qui saisissent les premiers la vérité et y adhèrent :

« Et afin que ceux à qui le savoir a été donné sachent que (le Coran) est en effet, la Vérité venant de ton Seigneur, qu'ils y croient alors, et que leurs cœurs s'y soumettent en toute humilité. Allah guide certes vers le droit chemin ceux qui croient. »

Sourate Al Hajj, V.54.

Vous avez bien souvent fait de grandes études (ingénieurs, scientifiques, avocats, médecins, astronautes et autres grandes études) mashaAllah.Vous n'avez pas le droit d'abandonner à cause de la pression médiatique. Je vous laisse méditer sur ces quelques versets du noble Coran.

« Alif, Lam, Mim. Est-ce que les gens pensent qu'on les laissera dire : "Nous croyons !" sans les éprouver ? Certes, Nous avons éprouvé ceux qui ont vécu avant eux ; [Ainsi] Allah connaît ceux qui disent la vérité et ceux qui mentent. »

Sourate L'araignée, V. 1-3

« Parmi les gens il en est qui disent : "Nous croyons en Allah" ; puis, si on les fait souffrir pour la cause d'Allah, ils considèrent l'épreuve de la part des hommes comme un châtiment d'Allah. Or, s'il vient du secours de ton Seigneur, ils diront certes : "Nous étions avec vous !" Allah n'est-Il pas le meilleur à savoir ce qu'il y a dans les poitrines de tout le monde ? »

Sourate L'araignée, V. 10

Tout ce qui a été dit auparavant vous concerne aussi. Prenez le temps d'apprendre à rechercher un emploi. Inspirez-vous des passes décisives, des techniques d'entretien téléphonique, vous aurez ainsi fait votre part du travail.

THINK LIKE RECRUITERS

Il ne faut jamais baisser les bras. Inspirez-vous de la parole de Hassan Al Basri, rahimaho Allah qui disait :

« J'ai lu 90 passages du Coran qu'Allah a prédestiné et garanti la subsistance des créatures. Et dans un seul passage : "Le diable vous fait craindre la pauvreté" > (Sourate 2, V. 268). Nous avons douté de La Parole d'Allah Le Véridique qui est citée 90 fois et nous avons cru la parole du diable menteur qui n'a été citée qu'une seule fois… ! »

Un de vos moyens mes sœurs se trouve aussi dans la puissance des réseaux sociaux. Nous vivons dans un village planétaire. Exportez-vos compétences à travers ces plateformes. Liez-vous avec vos sœurs partout dans le monde.

Ne restez pas dans l'isolement dans lequel essaient de vous mettre ces pompiers pyromanes. Vous pouvez, selon vos métiers, travailler à distance, ou développer vos compétences en anglais pour celles qui ne le parlent pas.

« En vérité, Allah ne modifie point l'état d'un peuple, tant qu'ils ne modifient pas ce qui est en eux-mêmes. »

Sourate Ar-ra'd, V. 11

DÉDICACE
MES SOEURS

CHAPITRE V
L'Auto-Détermination

« La meilleure raison pour lancer une entreprise est de créer du sens, de créer un produit ou un service qui contribue à améliorer le monde. » Guy Kawasaki

« Il y a bien des manières de ne pas réussir, mais la plus sûre est de ne jamais prendre de risques. » Benjamin Franklin

5.1. L'Entrepreneuriat

Certes, ce livre est conçu pour aider les personnes à la recherche d'un emploi. Cependant, le salariat n'est pas la seule solution pour gagner sa vie.

Le salariat a été très longtemps assimilé à une chose sûre. Or, la crise sanitaire liée au Covid, le comportement de certains managers, nous ont enseigné et prouvé la fragilité de l'activité salariale. Toutes les personnes ne sont pas faites pour le système salarial, de même que toutes ne peuvent être « entrepreneures ». Comme toute chose, c'est toujours lié à notre personnalité. Se connaître est une des premières pistes (voir le premier chapitre)

J'ai décidé en 2019 de me lancer en tant qu'indépendant à la suite d'une expérience professionnelle qui m'a juste ouvert les yeux sur ma personnalité. Je suis une personne créative qui a besoin d'espace de création. J'aime ma liberté et c'est dans ces moments que je suis le plus productif. J'ai hélas été managé par la mauvaise personne lors de ma dernière expérience salariale. Je remercie cette personne car elle m'a permis de passer le pas et de travailler pour mon rêve. Ce n'est pas facile tous les jours mais quel plaisir de se lever le matin, avec l'objectif de faire grandir son propre business. Je n'ai jamais autant gagné d'argent , cependant je ne suis jamais resté sans entrée d'argent, aussi longtemps. Il faut donc être un vrai gestionnaire et visionnaire.

« Se poser les bonnes questions est la moitié de la science, bien gérer son argent est la moitié de la richesse et se taire est la moitié de la sagesse. » **Omar Ibn Al Khattab**

Par où commencer pour entreprendre ? C'est la question que se posent beaucoup d'aspirants à l'entrepreneuriat. Je dirais qu'il faut juste commencer. En tant que salarié (en dehors du service public), vous allez tous les jours aider une personne à réaliser son rêve. Quel est votre rêve à vous ? Pour autant, des rêves seuls ne peuvent faire la différence.

Il faut faire un état des lieux de vos compétences, de vos ressources avec un plan. Si vous parvenez à écrire sur un papier votre rêve, il devient un projet. Ce dernier devient atteignable à force de travail. Je voulais partager avec vous quelques qualités pour commencer l'aventure entrepreneuriale.

a) Être agile

Une pandémie mondiale vous empêche de développer votre business à moyen terme ? L'agilité vous permet de pivoter de développer la meilleure stratégie pour affronter cette crise.

b) Un réseau

Plus votre réseau est important, plus le développement de votre projet se fera facilement.
Par ailleurs, échanger avec des professionnels qui interviennent sur votre marché vous permet de développer un regard critique sur votre offre et donc de construire une entreprise pérenne.

Pour commencer, votre réseau doit être votre famille, vos amis et vos frères et sœurs. Par ailleurs, dans la vie réelle, des familles peuvent ne pas soutenir le un membre qui entreprend. Malgré tout, il ne faut pas prôner l'individualisme. Nous allons y revenir plus tard. Allah dit : *« Allah veut vous alléger (les obligations,) car l'homme a été créé faible.»* Sourate Les femmes, V. 28

c) L'audace, ou comment oser sans prendre trop de risques

Par ce point, nous ne vous conseillons pas de vous lancer à l'aveugle, mais d'être assez audacieux pour faire ce que votre concurrent n'a jamais osé réaliser. Bien que de nombreuses entreprises parviennent à se développer sans chercher à atteindre des objectifs toujours plus innovants, vous pouvez tout à fait vous démarquer de la concurrence en osant être audacieux/se, et ce même modérément ! Il n'est pas nécessaire de risquer de perdre vos ressources, mais si vous pouvez vous le permettre, cherchez à vous adresser différemment à vos clients.

d) Il ne faut pas frauder, faire des tromperies à vos clients et futurs clients

« Malheur aux fraudeurs, qui, lorsqu'ils font mesurer pour eux- mêmes exigent la pleine mesure, et qui lorsqu'eux-mêmes mesurent ou pèsent pour les autres, [leur] causent perte. Ceux-là ne pensent-ils pas qu'ils seront ressuscités, en un jour terrible. » Sourate Al- Mutaffifune (Les Fraudeurs) V. 1-5

« D'après Khalid (qu'Allah l'agrée), le Prophète (que la prière d'Allah et Son salut soient sur lui) a été interrogé concernant le meilleur revenu. Il a répondu : "Une vente dans laquelle il n'y a pas de tromperie et le travail d'un homme de sa main. » (Rapporté par Ahmed et authentifié par Cheikh Albani dans Sahih Targhib n°1689).

Et après tout c'est avec l'aide d'Allah seul que l'on réussit. Cependant, Allah est juste et il convient de faire l'effort comme le résume très bien ce verset suivant : *« En vérité, Allah ne modifie point l'état d'un peuple, tant qu'ils ne modifient pas ce qui est en eux-mêmes.*
» Sourate Ar-ra'd, V. 11.

e) Avoir un noyau familial solide c'est très important :

Quand on entreprend si l'on ne le fait pas en famille, nous sommes souvent la partie visible de l'iceberg. Nous avons besoin de support, la famille est la première concernée. Une femme qui vous soutient, un mari, des enfants, un frère, une sœur et par-dessus tout, vos parents sont un réel atout. Avant de contracter des prêts auprès de la banque, voyez d'abord au sein de la famille, des amis, des frères et sœurs.

Revenir à l'esprit de la solidarité est essentiel. Le dessous l'iceberg, ce sont ces personnes-là bien souvent et heureusement. Et oui d'accord, parfois nous n'avons pas ce noyau dur mais Allah est là pour tout le monde.

Entreprenez dans ce qui est licite et qui plaît à Allah. Vous ne pouvez pas demander de l'aide à Allah en étant dans quelque chose qui lui déplait.

5.2. Émission « Autour d'un Thé »

À travers un live sur Facebook et YouTube, j'ai rencontré des professionnels dans tous les secteurs et partout dans le monde. C'était l'occasion d'échanger sur leurs parcours et susciter des vocations. Et tout ça *« Autour d'un thé »*

Mon objectif caché fut de créer un réseau de mentor virtuel pour les jeunes. Les personnes sont venues, avec leurs différences, parler de leurs métiers et même parfois d'eux-mêmes. Je vous invite à aller faire un tour sur ma chaîne YouTube avec ce QR CODE :

Je vais ici partager avec vous les réponses de certains professionnels concernant cette question :

QU'EST-CE QUE VOUS PREFEREZ DANS VOTRE TRAVAIL ?

- **Interview #7 : Scientifique & Entrepreneur**

Réponse : Avoir le sentiment de participer à essayer de résoudre un problème d'une large partie de la population (la malnutrition). Être un mentor pour des futurs entrepreneurs et avancer avec eux. L'éducation et la transformation

- **Interview #12 : Psychologue, psychanalyste, Docteur en psychopathologie et auteur**

Réponse : Aider, transmettre dans un métier qui n'est jamais répétitif. Mon métier me donne une grande confiance en l'Homme.

- **Interview #14 : Imam**

Réponse : Créer un groupe de jeunes qui prend le relai. Être un guide spirituel et un réconciliateur (entre deux individus et surtout un couple)

•**Interview #30 : Consultant Formateur JAVA Réponse :** Le

partage (allier communication et technique)

- **Interview #32 : Activiste**

Réponse : Le contact humain. Le sentiment partagé de solidarité et de justice. Les luttes ne doivent pas être cloisonnées.

- **Interview #39 : Chirurgienne - Cancérologue**

Réponse : Le coté sociable de son métier (échange). Le contact avec les confrères oncologues.

- **Interview #40 : Juriste - Expert en industrie extractive**

Réponse : L'impact sur le secteur. Ce n'est pas un travail mais une passion.

- **Interview #41 : Spécialiste en terminologie multilingue-Traductrice FR/AN/AR**

Réponse : Notion de la transmission, car des civilisations ont été créés grâce à la traduction.

- **Interview #45 : Ingénieur réseau et sécurité & Consultant en cyber sécurité**

Réponse : Apprendre quotidiennement. La sécurité est un monde très large.

- **S#2 : E#8 : Chirurgien Urologue, Andrologue**

Réponse : Aider quelqu'un, soulager une personne. Atténuer l'angoisse d'une personne.

- **S#2 : E#11 : Ingénieur en géotechnique / Entrepreneur**

Réponse : La géotechnique et les géosciences sont passionnantes. La découverte permanente des choses et des territoires.

- **S#2 : E#14 : Entrepreneure sociale**

Réponse : Énormément de choses, mais ce que je préfère c'est cette étincelle que je vois dans les yeux des personnes accompagnées.

- **S#2 : E#30 : Transition Manager**

Réponse : Accompagner des gens, être à l'écoute pour trouver des solutions aux gens. La diversité.

- **S#2 : E#34 : Ingénieure Data**

Réponse : Être utile dans sa journée en travaillant sur les projets et avoir un impact dans la vie auprès des gens.

- **S#2 : E#37 : Correctrice professionnelle, écrivain**

Réponse : La liberté est la première raison. Travailler quand on veut, ne pas aller dans un bureau. Travailler à mon rythme.

- **S#2 : E#41 : Responsable dans l'Insertion**

Réponse : Gestion de l'humain car tellement complexe. Gérer l'humain est un vrai métier.

- **S#2 : E#42 : Fondatrice de Ton Success Consulting**

Réponse : Passion pour mon métier. Avoir un impact et des solutions pour les gens.

- **S#2 : E#43 : Fondateur de ODK Consulting**

Réponse : Faire monter les gens en compétences. Trouver la bonne façon pour transmettre le savoir. Partager avec les gens.

ET VOUS, QU'EST-CE QUE VOUS PREFEREZ DANS VOTRE TRAVAIL ?

Conclusion

L'islam est un mode de vie complet. Il intervient dans les détails les plus anodins de notre vie. Le monde du travail est en mutation permanente, il convient donc de bien se préparer à y faire face et se réinventer perpétuellement. Il faut être flexible, se former et être agile.

Autrement dit, ne vous oubliez pas. S'oublier est le fait d'oublier notre Créateur.

Allah (ta'âla) dit : « *Ils ont oublié Allah et Il les a alors oubliés.* » Sourate Le Repentir, V. 67.

Ibn al-Qayyîm (rahimahullah) a expliqué de ce verset, qu'Allah 'Azza wa Djal' inflige à celui qui L'oublie deux châtiments : « *Le premier est qu'Allah l'oubli, et le deuxième est qu'Il lui fait oublier sa propre personne.* » L'oubli d'Allah consiste en Son abandon de l'Homme, Son délaissement et Son égarement, si bien que la perte est plus proche de lui que la main ne l'est de sa bouche.

Quant au fait qu'Il fasse oublier son âme à l'homme, cela consiste en ce qu'Il lui fasse oublier de lui accorder ce qui lui revient de plus élevé. C'est à dire ce qui amènera bonheur, succès, rectitude, et ce qui le peut le parfaire.Il lui fait oublier tout cela, et ainsi, Il fait que cela ne vienne pas à l'esprit de l'homme, il ne s'en souvient pas, ne dirige pas sa préoccupation vers cela, et ne le veut pas ; si bien qu'il ne puisse ni le désirer, ni l'opter.

Le recrutement de talent doit à mon avis se résumer à l'évaluation de deux qualités que Allah cite dans ce verset :

L'une d'elles dit : ***« Ô mon père, engage-le [à ton service] moyennant salaire, car le meilleur à engager c'est celui qui est fort et digne de confiance ».***
SOURATE 28 AL-QASAS (LE RÉCIT) V.26

Fort pour la compétence, l'efficacité et **Digne de confiance** pour l'état d'esprit, la valeur de l'individu.

Bonne lecture et bonne application surtout.

A propos de l'auteur

Moussa KEBE est né en 1986 à Rosso dans le sud de la Mauritanie. Il y a vécu jusqu'à l'âge de 19 ans. De confession musulmane et fière de ses origines ; Il est aussi passionné de basket ball et de lecture. Jeune étudiant, il arrive en France et rejoins son père, alors réfugié politique.
Après des études en Mécanique rondement menées, il choisit de se réorienter complètement en choisissant de suivre des études de droit. En 2014, lors de son cursus, il se redécouvre une nouvelle passion pour les ressources humaines. Depuis l'obtention de son diplôme, il y a maintenant plus de 6 ans, il se consacre entièrement à son métier de recruteur. Il a exercé ce métier en France, au Luxembourg et en Suisse. En 2019, fort de ses expériences à l'international, Il décide de créer sa propre structure : Splash Guy Recruitment.

Moussa voit dans le recrutement une façon d'aider deux protagonistes. D'un côté, une personne à la recherche d'un emploi et de l'autre une société à la recherche d'un talent.

Pour le demandeur d'emploi : Moussa considère que chaque individu, qu'il soit actif ou en voie de l'être se doit d'être accompagné par des professionnels. Puisque détenir des potentiels évolutifs est un challenge et puisque devenir un candidat idéal n'est pas une profession, Il se met à la disposition des demandeurs d'emploi.

Pour les entreprises : Dans une démarche d'accompagnement, Moussa vous met en relation avec les pépites de l'informatique, les plus audacieux des scientifiques, les plus talentueux des ingénieurs et plus encore. Il travaille avec des clients en France, en Suisse, au Luxembourg et en Afrique de l'Ouest.

Le Basket Ball est entré très tôt dans sa vie pour y rester. Il s'est inspiré des Splash Brothers (Clay Thomson et Steven Curry des Golden State Warriors - NBA) pour créer SPLASH GUY RECRUITEMENT.

Moussa est aussi Youtuber depuis 2019. Son émission phare s'intitule « AUTOUR D'UN THÉ » dont le principe est d'interviewer en direct des professionnels de différents secteurs afin de permettre aux jeunes de s'en inspirer.

Le nom de sa chaine YouTube est le titre de ce livre.

Vous pouvez nous suivre sur les réseaux sociaux

Scannez les QR pour accéder à nos réseaux !

Bibliographie

Le Coran
http://www.coran-en-ligne.com/
https://coran.oumma.com/
La citadelle du musulman
https://www.islamweb.net/

Ibn Al Qayyim : Zaad Al Maad
Cheikh Albani dans Sahih Targhib La
citadelle du musulman
Pierre-Eric Fleury : Guide du CV et de la recherche d'emploi

https://www.inegalites.fr/Un-million-de-travailleurs-pauvres-en-France
https://www.radioscoop.com/people/test-la-1ere-image-que-vous-voyez-decrit-votre-personnalite_170185
Https://www.canva.com/

www.ingramcontent.com/pod-product-compliance
Ingram Content Group UK Ltd.
Pitfield, Milton Keynes, MK11 3LW, UK
UKHW050141280726
14058UKWH00006B/763